P · R · E · F · A ·

IT 실전 워크북 시리즈는 학습하시는 분들이 좀 더 쾌적한 환경에서
손쉽게 배울 수 있도록 체계적인 기획 하에 다음과 같은 특징을 가지고 만든 책입니다.

❶ 따라하기 형태의 내용 구성

각 기능들을 쉬운 단계부터 시작하여 실습 형태로 따라하면서 자연스럽게 익혀 실무에
활용할 수 있도록 하였습니다.

❷ 풍부하고도 다양한 예제 제공

실무에서 실제로 사용하는 예제 위주 편성으로 인해 학습을 하는데 친밀감이 들도록 하여 학
습 효율을 강화시켰습니다.

❸ 베테랑 강사들의 노하우 제공

일선에서 다년간 경험을 쌓으면서 수첩 등에 꼼꼼히 적어놓았던 보물 같은 내용들을 [Tip],
[Power Upgrade] 등의 코너를 만들어 배치시켜 놓아 효율을 극대화 시켰습니다.

❹ 대형 판형에 의한 시원한 편집

A4 사이즈에 맞춘 큰 판형으로 디자인하여 보기에도 시원하고 쾌적하게 학습할 수 있도록
하였습니다.

❺ 스스로 풀어보는 다양한 실전 예제 수록

각 단원이 끝날 때마다 배운 내용을 실습하면서 완벽히 익힐 수 있도록 난이도별로 다양한
실습 문제를 제시하여 복습할 수 있도록 하였습니다.

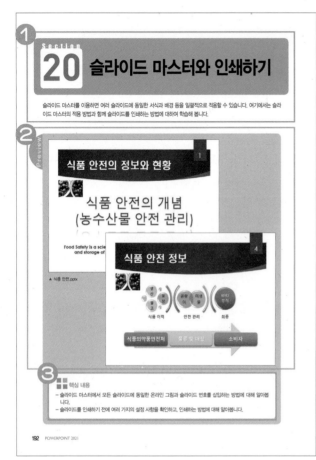

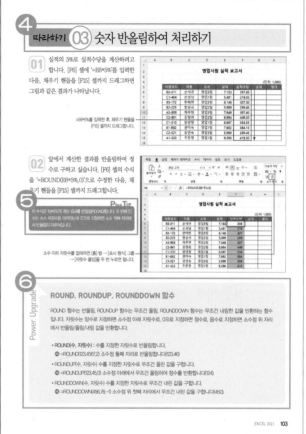

1 섹션 설명

해당 단원에서 배울 내용에 대한 전체적인 개념을 설명함으로써 단원에 대한 이해도를 증진시키도록 합니다.

2 Preview

해당 단원에서 만들어볼 결과물을 미리 보여줌으로써 실습하는데 따르는 전체적인 틀을 이해할 수 있도록 하여 학습 효율을 극대화시켜 줍니다.

3 핵심 내용

해당 단원에서 배울 내용들에 대한 차례를 기록하여 흐름을 파악할 수 있습니다.

4 따라하기

본문 내용을 하나씩 따라해 가면서 실습하다 보면 자연스럽게 관련 기능을 이해할 수 있도록 구성하여 누구나 쉽게 파워포인트를 사용할 수 있도록 하였습니다.

5 Plus Tip

저자만이 가지고 있는 다양한 노하우 및 좀 더 편리하게 접근하기 위한 정보들을 제공합니다.

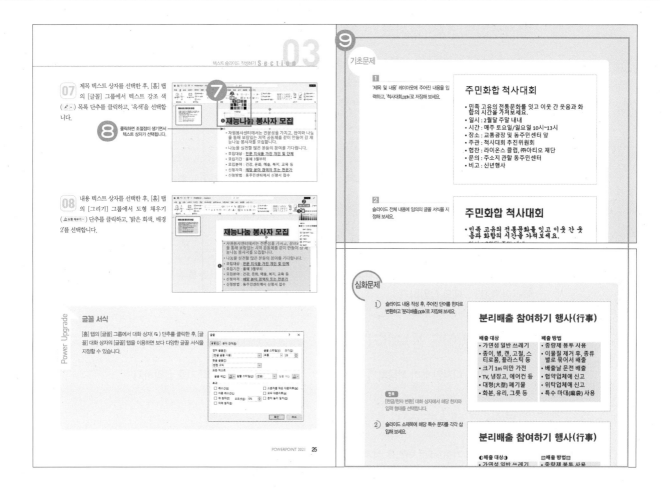

⑥ Power Upgrade

난이도가 높아 본문의 실습에서 다루지는 않았지만 익혀놓으면 나중에 실무에서 도움이 될 것 같은
내용들을 별도로 구성해 놓았습니다.

⑦ 순서 넘버링

복잡한 부분은 작업 내용을 손쉽게 따라할 수 있도록 순서대로 번호를 붙여 놓았습니다.

⑧ 핵심 Tip

본문 내용을 좀더 이해하기 편하도록 하기 위해 핵심 내용에 대해 부연 설명을 달아 놓았습니다.

⑨ 기초문제, 심화문제

본문에서 배운 내용을 다양한 예제를 통하여 실습하면서 확실하게 익힐 수 있도록 난이도별로 나누어
실습 문제를 담았습니다.

C·O·N·T·E·N·T·S

POWERPOINT 2021

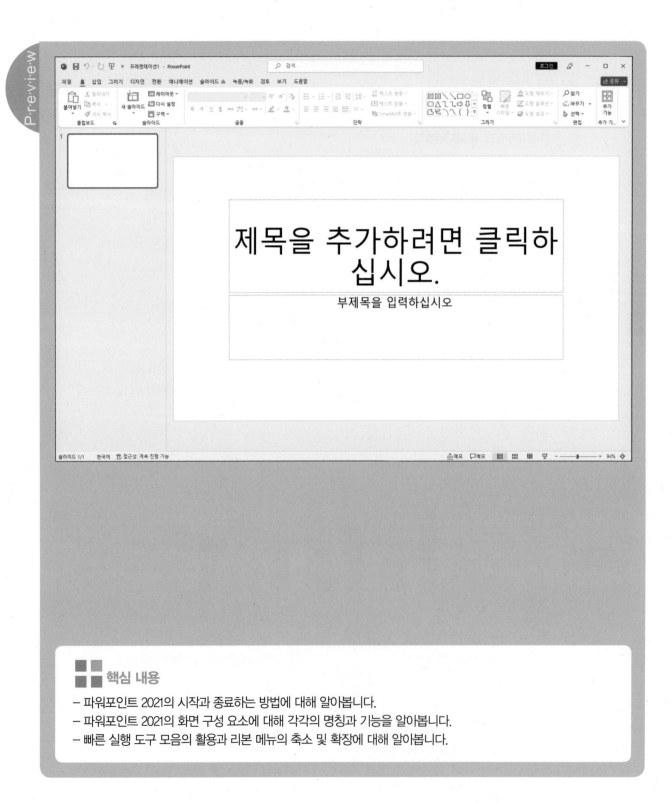

01 파워포인트 2021 살펴보기

파워포인트 2021 프로그램을 실행하여 전체적인 화면 구성 요소에 대해 살펴보고, 기본 메뉴에 해당하는 빠른 실행 도구 모음과 리본 메뉴의 간단한 사용 방법을 학습해 봅니다.

핵심 내용

- 파워포인트 2021의 시작과 종료하는 방법에 대해 알아봅니다.
- 파워포인트 2021의 화면 구성 요소에 대해 각각의 명칭과 기능을 알아봅니다.
- 빠른 실행 도구 모음의 활용과 리본 메뉴의 축소 및 확장에 대해 알아봅니다.

01 [시작]–[PowerPoint]를 선택하거나 바탕 화면에서 PowerPoint 바로 가기 아이콘(P)을 더블클릭합니다.

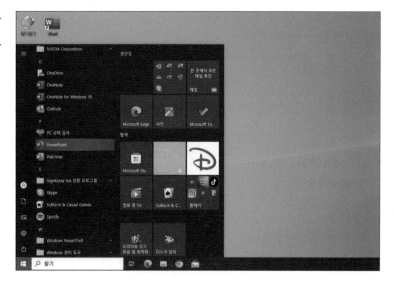

02 파워포인트 2021 프로그램이 실행되면서 다음과 같은 초기 화면이 나타납니다.

PlusTip

초기 화면 :
파워포인트 2021은 초기 화면에서 슬라이드 테마를 지정한 후, 슬라이드 레이아웃을 시작할 수 있습니다.

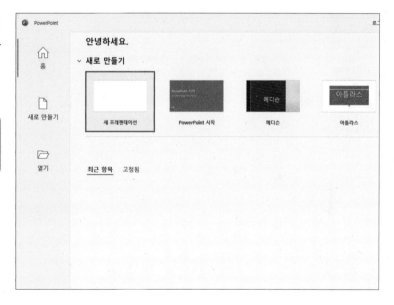

03 초기 화면에서 '새 프레젠테이션'을 클릭하면 슬라이드의 기본 화면이 나타납니다.

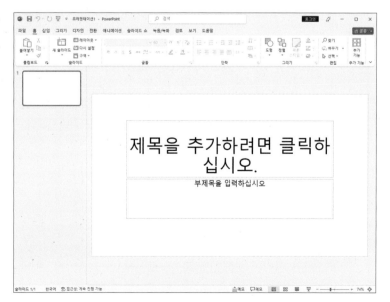

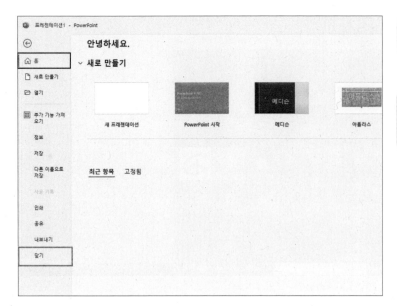

04 현재 화면을 닫기 위해서 [파일] 탭을 클릭하고, [닫기]를 선택합니다.

PlusTip

뒤로 :
[파일] 탭을 클릭하고, 뒤로(←)를 선택하면 바로 전 화면으로 이동합니다.

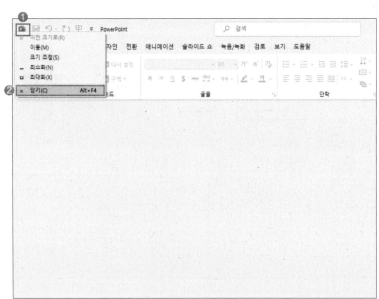

05 파워포인트 2021을 완전히 종료하기 위해서 화면 왼쪽 상단에 있는 아이콘을 클릭하고, [닫기]를 선택합니다.

PlusTip

파워포인트 종료 :
화면 오른쪽 상단에 있는 닫기(×) 단추를 클릭하거나 Alt + F4 키를 눌러도 됩니다.

데이터 입력 상태에서 종료하기

파워포인트 종료 시 슬라이드에 데이터를 입력한 경우는 변경 내용의 저장 유무를 묻는 대화 상자가 나타나며, 저장하지 않고 종료할 경우에는 [저장 안 함] 단추를 클릭합니다.

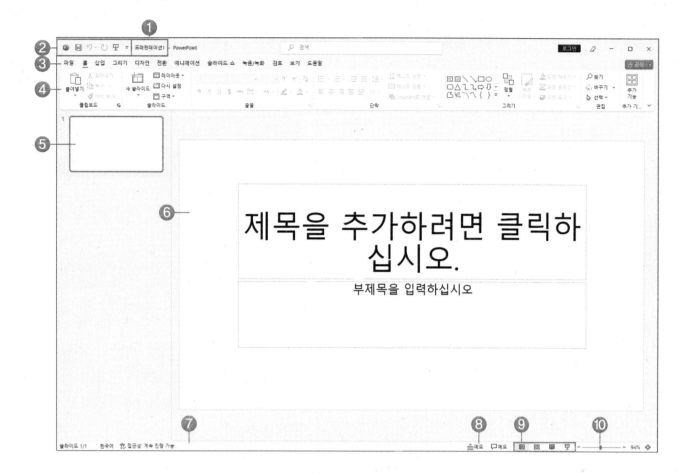

❶ 제목 표시줄

현재 작업 중인 프레젠테이션 문서의 제목이나 파일명 등을 표시합니다.

❷ 빠른 실행 도구 모음

프로그램 창 좌측 상단에 위치하여 자주 사용하는 명령을 등록하거나 빠르게 실행할 수 있습니다.

❸ [파일] 탭

Microsoft Office Backstage 보기로 숨겨진 메타 데이터 또는 새로 만들기, 열기, 정보, 저장, 인쇄, 공유, 내보내기, 계정, 옵션 등을 수행하거나 데이터를 관리합니다.

❹ 리본 메뉴

프로그램 메뉴와 다양한 도구 모음의 기능을 제공합니다.

❺ 축소 슬라이드

현재 슬라이드를 축소판 형식으로 볼 수 있으며, 여러 슬라이드를 탐색하거나 디자인 변경 결과를 확인할 수 있습니다.

❻ 슬라이드 창

현재 작업이 이루어지는 화면으로 텍스트, 워드 아트, 그림, 표, 도형, 아이콘, SmartArt 그래픽, 차트, 비디오, 오디오, 하이퍼링크, 애니메이션 등을 삽입할 수 있습니다.

❼ 상태 표시줄

현재 진행 중인 슬라이드 작업과 관련된 다양한 내용을 표시합니다.

❽ 슬라이드 메모

블로그에 글을 쓸 수 있는 영역입니다. 슬라이드 내용을 발표할 때 이를 참고할 수 있는 슬라이드 노트 내용과 간단한 메모를 작성할 수 있습니다.

❾ 보기 단추

슬라이드 화면을 기본, 여러 슬라이드, 읽기용 보기, 슬라이드 쇼 형태로 보여줍니다.

❿ 확대/축소

슬라이드의 화면 크기를 원하는 크기(비율)로 조절할 수 있습니다.

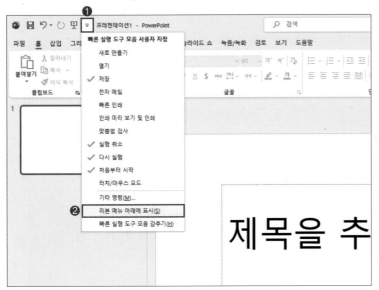

01 화면 왼쪽 상단에서 빠른 실행 도구 모음 사용자 지정(⩔) 단추를 클릭하고, [리본 메뉴 아래에 표시]를 선택합니다.

PlusTip

빠른 실행 도구 모음 :
클릭만 하면 바로 실행될 수 있도록 만든 메뉴로, 주로 자주 사용하는 명령들을 등록하면 편리합니다.

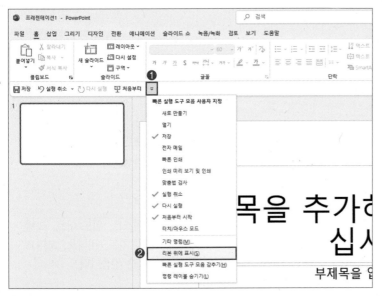

02 빠른 실행 도구 모음이 리본 메뉴 아래쪽으로 이동되었습니다. 원 상태로 돌아가기 위해 다시 빠른 실행 도구 모음 사용자 지정(⩔) 단추를 클릭하고, [리본 위에 표시]를 선택합니다.

PlusTip

선택 메뉴 :
체크 표시가 되어 있는 메뉴는 빠른 실행 도구 모음에 이미 등록된 것으로 체크 표시를 해제하면 도구 모음에서 제거됩니다.

03 작업 영역을 넓히고 싶으면 탭의 임의의 위치에서 마우스 오른쪽 단추를 클릭하고, [리본 메뉴 축소]를 선택합니다.

PlusTip

리본 표시 옵션 :
리본 메뉴 오른쪽에 있는 리본 표시 옵션(⌄) 단추를 클릭하면 리본 상태를 전환하거나 빠른 실행 도구 모음을 숨기기 및 표시합니다. 리본 메뉴를 축소하거나 확장하는 단축키는 Ctrl + F1 입니다.

04 리본 메뉴가 없어지면서 화면이 넓어 졌습니다. 최소화된 리본 메뉴를 다시 표시하려면 탭의 임의의 위치에서 마우스 오른쪽 단추를 클릭하고, [리본 메뉴 축소]를 선택하여 체크 표시를 해제합니다.

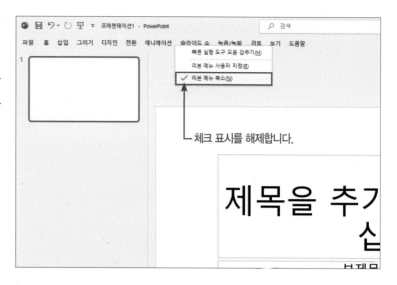

05 빠른 실행 도구 모음에 다른 도구를 추가해 보기로 합니다. 빠른 실행 도구 모음 사용자 지정(ˇ) 단추를 클릭하고, [맞춤법 검사]를 선택합니다.

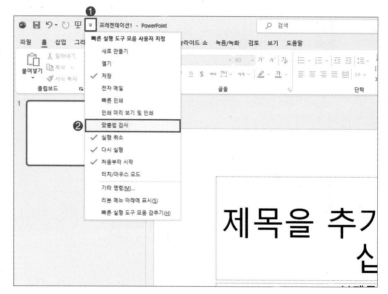

06 빠른 실행 도구 모음에 '맞춤법 검사' 도구가 추가되었습니다. 다시 제거하기 위하여 빠른 실행 도구 모음 사용자 지정 (ˇ)단추를 클릭하고 [맞춤법 검사]를 선택하여 체크를 해제합니다.

PlusTip

빠른 실행 도구 모음 추가와 삭제 :
리본 메뉴에 있는 명령 단추를 빠른 실행 도구 모음에 추가하려면 해당 단추에서 마우스 오른쪽 단추를 클릭하고, [빠른 실행 도구 모음에 추가]를 선택합니다. 반대로, 추가된 명령 단추를 제거하려면 해당 단추에서 마우스 오른쪽 단추를 클릭하고, [빠른 실행 도구 모음에서 제거]를 선택합니다.

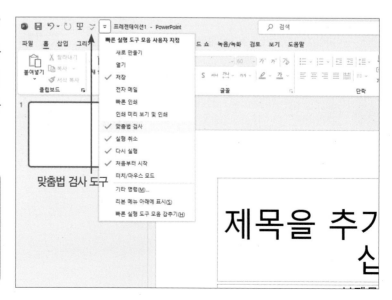

1

빠른 실행 도구 모음을 리본 메뉴 아래쪽에 표시해 보세요.

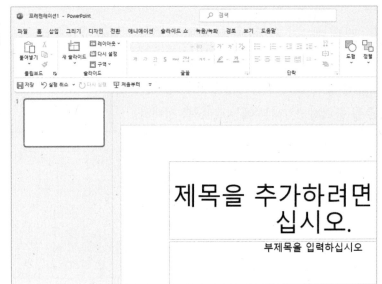

2

빠른 실행 도구 모음을 다시 리본 메뉴 위쪽에 표시해 보세요.

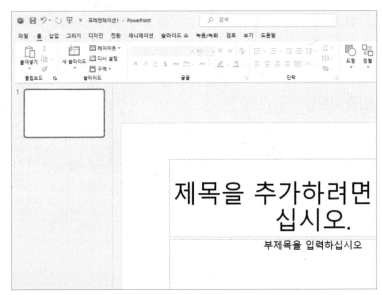

3

파워포인트 2021의 화면을 메뉴를 이용하여 닫기 해 보세요.

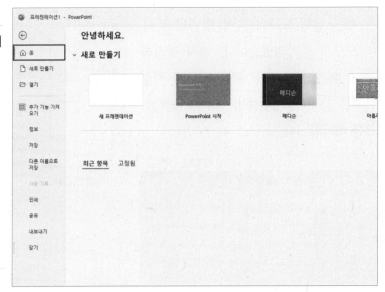

1) 리본 메뉴를 축소시켜 작업 영역을 넓혀 보세요.

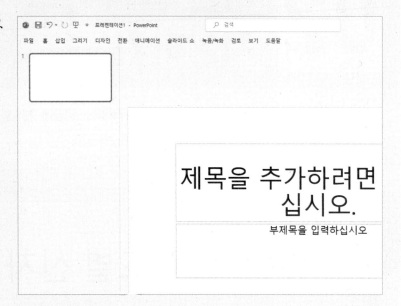

2) 작업 영역을 원위치한 후, 빠른 실행 도구 모음에 [새로 만들기] 단추를 추가해 보세요.

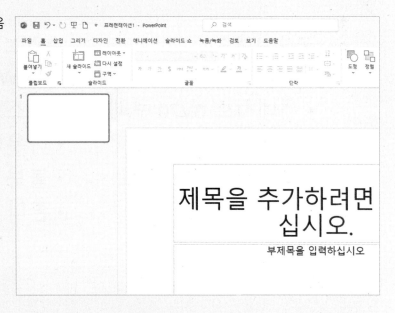

3) 빠른 실행 도구 모음에 추가한 [새로 만들기] 단추를 제거해 보세요.

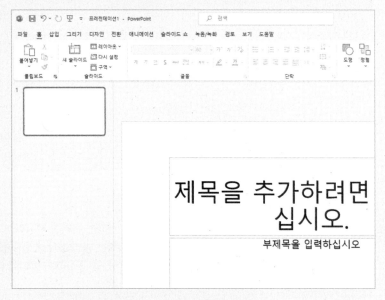

02 기본 슬라이드 작성과 저장하기

기본적인 레이아웃에 슬라이드를 작성하고, 내용을 저장하는 방법에 대해 알아봅니다. 또한, 작성한 슬라이드를 확대 및 축소하고, 다양한 표시 방법에 대해서도 학습해 봅니다.

P·r·e·v·i·e·w

4분기 브랜드별 신차 현황

국산 브랜드
- 제네시스 GV80
- 제네시스 GV70 쿠페
- K5 부분 변경
- 카니발 하이브리드
- 토레스 EVX

수입 브랜드
- BMW 뉴 5시리즈
- 벤츠 E클래스 변경
- 아우디 Q8 e-트론
- 볼보 EX30 부분 변경
- 혼다 올 뉴 어코드

▲ 신차.pptx

 핵심 내용

– 기본적인 레이아웃에 슬라이드를 작성하고, 원하는 위치에 저장하는 방법에 대해 알아봅니다.
– 작성한 슬라이드에서 화면을 확대 또는 축소하는 방법에 대해 알아봅니다.
– 슬라이드 표시에 필요한 눈금자, 눈금선, 안내선을 표시하는 방법에 대해 알아봅니다.

01 슬라이드 크기를 변경하기 위하여 [디자인] 탭의 [사용자 지정] 그룹에서 슬라이드 크기( ) 단추를 클릭하고, [표준(4:3)]을 선택합니다.

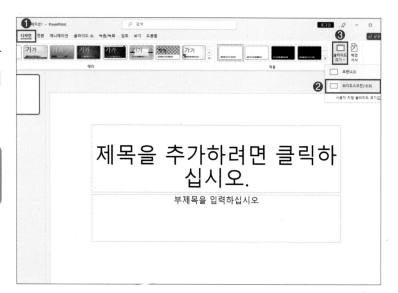

02 제목 슬라이드에서 제목 텍스트 상자와 부제목 텍스트 상자에 주어진 내용을 각각 입력합니다.

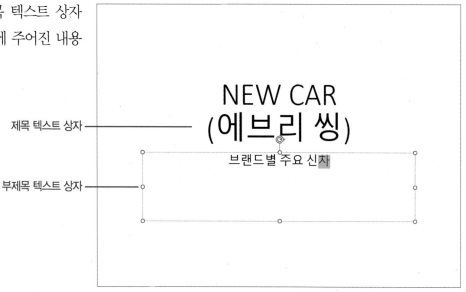

03 새로운 슬라이드를 추가하기 위하여 [홈] 탭의 [슬라이드] 그룹에서 새 슬라이드( ) 단추를 클릭하고, '비교'를 선택합니다.

4분기 브랜드별 신차 현황

국산 브랜드
- 제네시스 GV80
- 제네시스 GV70 쿠페
- K5 부분 변경
- 카니발 하이브리드
- 토레스 EVX

수입 브랜드
- BMW 뉴 5시리즈
- 벤츠 E클래스 변경
- 아우디 Q8 e-트론
- 볼보 EX30 부분 변경
- 혼다 올 뉴 어코드

04 '제목을 추가하려면 클릭하십시오' 부분과 '텍스트를 입력하십시오' 부분을 마우스로 클릭하고, 주어진 내용을 각각 입력합니다.

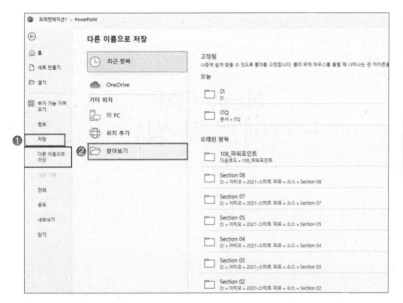

05 입력한 슬라이드 내용을 저장하기 위하여 [파일] 탭을 클릭하고, [저장]-[찾아보기]를 선택합니다.

Plus Tip

저장 :
빠른 실행 도구 모음에서 저장(💾) 단추를 클릭하거나 **Ctrl** + **S** 키를 눌러도 됩니다.

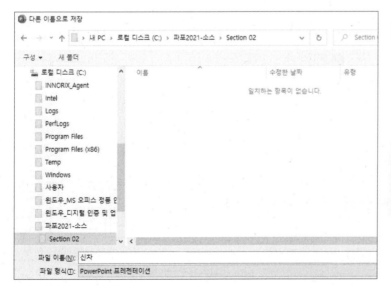

06 [다른 이름으로 저장] 대화 상자가 나타나면 위치를 'C:\파포2021-소스\Section 02'로 지정한 후, 파일 이름을 "신차"로 입력하고 [저장] 단추를 클릭합니다.

Plus Tip

다른 이름으로 저장 :
[저장]은 원래 저장되어 있던 파일에 그대로 덮어쓰는 개념이고, [다른 이름으로 저장]은 저장 위치, 파일 이름 등을 변경하여 기존 문서는 그대로 두고 새로운 이름으로 슬라이드를 하나 더 만드는 것입니다.

07 파일이 저장되었습니다.

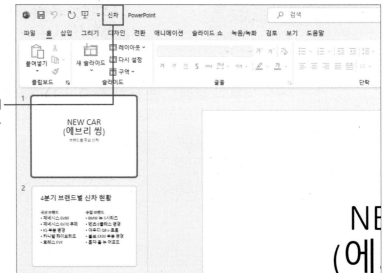

제목 표시줄에서 저장한 슬라이드의
파일 이름을 확인할 수 있습니다.

08 파일을 닫기한 후, 저장한 파일을 다시
불러오려면 [파일] 탭을 클릭하고 [열
기]-[찾아보기]를 선택합니다.

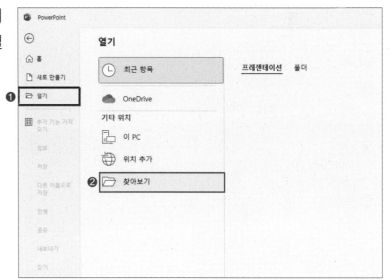

09 [열기] 대화 상자에서 위치를 'C:₩파
포2021-소스₩Section 02'로 지정하
고 '신차.pptx' 파일을 선택한 후, [열기] 단추를
클릭합니다.

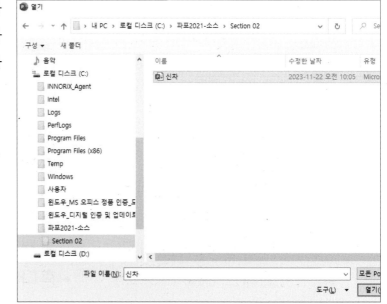

따라하기 02 슬라이드 확대/축소하기

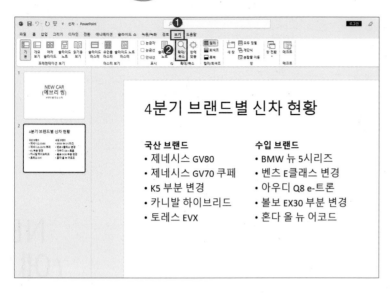

01 슬라이드 화면을 확대하기 위하여 [보기] 탭의 [확대/축소] 그룹에서 확대/축소(🔍) 단추를 클릭합니다.

02 [확대/축소] 대화 상자가 나타나면 배율을 '200%'로 선택하고, [확인] 단추를 클릭합니다.

Plus **T**ip

확대/축소 :
슬라이드 화면의 확대/축소는 상태 표시줄에 있는 확대/축소 슬라이더를 이용하여 쉽게 조절할 수 있습니다. 🔄 단추를 클릭하면 슬라이드를 현재 창 크기에 맞춥니다.

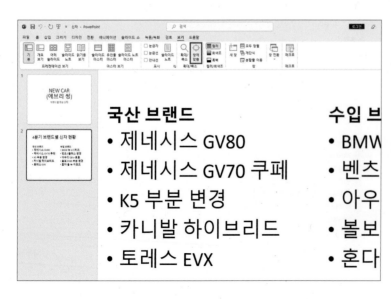

03 슬라이드 화면이 확대되면 다시 [보기] 탭의 [확대/축소] 그룹에서 창에 맞춤(🔄) 단추를 클릭하여 원 상태로 돌립니다.

Plus **T**ip

창에 맞춤 :
슬라이드로 현재 창을 채우도록 프레젠테이션을 확대/축소합니다.

01 슬라이드에 눈금자를 표시하기 위하여 [보기] 탭의 [표시] 그룹에서 '눈금자'를 선택합니다.

Plus**T**ip

눈금자 :
문서에서 탭 위치를 보면서 표 테두리 이동, 개체 위치 맞춤, 항목 길이 등을 확인할 수 있습니다.

눈금자가 표시됩니다.

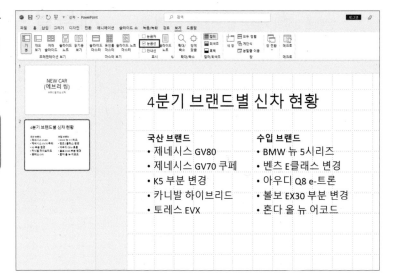

02 이번에는 슬라이드에 눈금선을 표시하기 위하여 [보기] 탭의 [표시] 그룹에서 '눈금선'을 선택합니다.

Plus**T**ip

눈금선 :
눈금선을 표시하면 글자 외에 도형이나 차트 등의 다양한 개체를 배치할 때 편리합니다.

03 마지막으로 슬라이드에 안내선을 표시하기 위하여 [보기] 탭의 [표시] 그룹에서 '안내선'을 선택합니다.

Plus**T**ip

안내선 :
슬라이드 개체를 맞추고, 조정할 수 있는 그리기 안내선을 표시합니다.

안내선이 표시됩니다.

1

다음처럼 제목 슬라이드에 주어진 내용을 입력해 보세요.

새 출발
8년 만에 리브랜딩

수익 모델 현황

2

'콘텐츠 2개'의 새로운 슬라이드를 추가해 보세요.

제목을 추가하려면 클릭하십시오.

- 텍스트를 입력하십시오

- 텍스트를 입력하십시오

3

'콘텐츠 2개' 슬라이드에 주어진 내용을 입력하고, '론칭.pptx'로 저장해 보세요.

하이퍼로컬 서비스 론칭

- 동네생활(25년 9월)
- 비즈프로필(25년 2월)
- 당근알바(25년 10월)
- 당근페이(25년 2월)
- 브랜드모델(25년 8월)
- 공공프로필(25년 5월)

- 이웃간 소통
- 자영업자 마케팅 채널
- 지역간 구인구직 채널
- 지역간 간편송금 결제
- 기업용 버전
- 공공기관 주민 소통

1) '제목 및 내용' 레이아웃에 주어진 내용을 입력하고, '이코노미.pptx'로 저장해 보세요.

더블엑스 이코노미 도서

- 한국대학교 교수의 모성 불이익 – 홍길동 저 –
- 이제는 현실에 대응하라 – 김순희 저 –
- 부의 증식을 위한 최고 비법 – 유관식 저 –
- 돈을 부르는 습관 – 최재은 저 –
- 아이들 용돈의 비밀 – 조희정 –
- 금융, 서울을 누비다 – 이유신 –
- 핵개인의 자본 시대 – 양민아 –
- 관광 창업으로 이룬 가치 창출 – 황서희 –

2) 슬라이드 화면을 '130%'로 확대해 보세요.

더블엑스 이코노미 도서

- 한국대학교 교수의 모성 불이익 – 홍길동 저 –
- 이제는 현실에 대응하라 – 김순희 저 –
- 부의 증식을 위한 최고 비법 – 유관식 저 –
- 돈을 부르는 습관 – 최재은 저 –
- 아이들 용돈의 비밀 – 조희정 –
- 금융, 서울을 누비다 – 이유신 –
- 핵개인의 자본 시대 – 양민아 –
- 관광 창업으로 이룬 가치 창출 – 황서희 –

3) 슬라이드 화면을 창 크기에 맞춘 후, 눈금선을 표시해 보세요.

더블엑스 이코노미 도서

- 한국대학교 교수의 모성 불이익 – 홍길동 저 –
- 이제는 현실에 대응하라 – 김순희 저 –
- 부의 증식을 위한 최고 비법 – 유관식 저 –
- 돈을 부르는 습관 – 최재은 저 –
- 아이들 용돈의 비밀 – 조희정 –
- 금융, 서울을 누비다 – 이유신 –
- 핵개인의 자본 시대 – 양민아 –
- 관광 창업으로 이룬 가치 창출 – 황서희 –

03 텍스트 슬라이드 작성하기

슬라이드에 텍스트 내용을 입력한 후, 단락마다 다양한 글꼴 서식을 지정하고 원하는 부분에 한자, 특수 문자, 메모 등을 각각 삽입하는 방법에 대해 알아봅니다.

Preview

▣재능나눔 奉仕者 모집▣

- 자원봉사센터에서는 전문성을 가지고, 참여와 나눔을 통해 보람있는 지역 공동체(共同體)를 같이 만들어 갈 재능나눔 봉사자를 募集(모집)합니다.
- 나눔을 실천할 많은 분들의 參與를 기다립니다.
- 모집대상 : 전문 지식을 가진 개인 및 단체
- 모집기간 : 올해 3월부터
- 모집분야 : 건강, 문화, 예술, 복지, 교육 등
- 신청자격 : 해당 분야 경력자 또는 전문가
- 신청방법 : 동주민센터에서 신청서 접수

 ▲ 봉사자.pptx

핵심 내용

– 슬라이드에 텍스트 내용을 입력하고, 다양한 글꼴 서식을 지정하는 방법에 대해 알아봅니다.
– 슬라이드 내용 중 특정 단어를 한자로 변환하고, 원하는 위치에 특수 문자를 삽입하는 방법에 대해 알아봅니다.
– 슬라이드 내용에 보충 설명이 가능한 메모를 삽입하는 방법에 대해 알아봅니다.

01 레이아웃을 변경하기 위하여 [홈] 탭의 [슬라이드] 그룹에서 레이아웃 (🖼레이아웃 ✓) 단추를 클릭하고, '제목 및 내용'을 선택합니다.

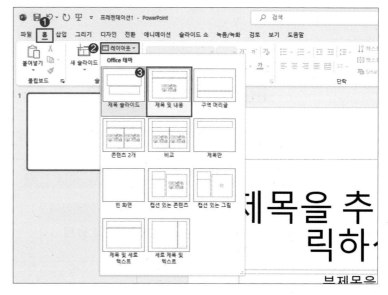

02 레이아웃이 변경되면 제목과 내용 텍스트 상자에 주어진 슬라이드 내용을 각각 입력합니다.

재능나눔 봉사자 모집

- 자원봉사센터에서는 전문성을 가지고, 참여와 나눔을 통해 보람있는 지역 공동체를 같이 만들어 갈 재능나눔 봉사자를 모집합니다.
- 나눔을 실천할 많은 분들의 참여를 기다립니다.
- 모집대상 : 전문 지식을 가진 개인 및 단체
- 모집기간 : 올해 3월부터
- 모집분야 : 건강, 문화, 예술, 복지, 교육 등
- 신청자격 : 해당 분야 경력자 또는 전문가
- 신청방법 : 동주민센터에서 신청서 접수

03 제목을 마우스로 드래그하여 블록 지정한 후, [홈] 탭의 [글꼴] 그룹에서 글꼴은 'HY견고딕', 글꼴 크기는 '48', 글꼴 스타일은 '텍스트 그림자', 글꼴 색은 '진한 파랑'을 각각 설정합니다.

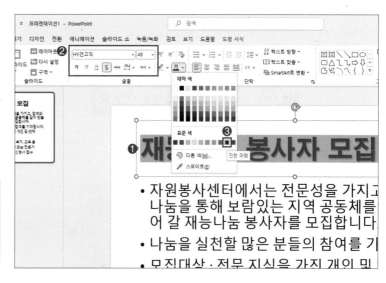

Plus**T**ip

글꼴 크기 :
- 글꼴 크기 크게(가) : 글꼴 크기를 4포인트 단위로 크게 합니다.
- 글꼴 크기 작게(가) : 글꼴 크기를 4포인트 단위로 작게 합니다.
- 모든 서식 지우기(가) : 서식 없는 일반 텍스트만 남겨두고, 선택 영역의 모든 서식을 제거합니다.

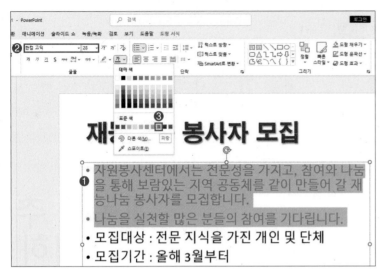

04 첫 번째와 두 번째 단락을 마우스로 드래그하여 블록 지정한 후, [홈] 탭의 [글꼴] 그룹에서 글꼴은 '한컴 고딕', 글꼴 색은 '파랑'을 각각 설정합니다.

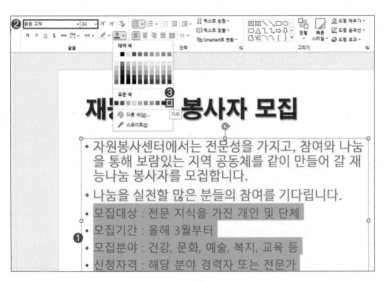

05 나머지 모든 단락을 마우스로 드래그하여 블록 지정한 후, [홈] 탭의 [글꼴] 그룹에서 글꼴은 '맑은 고딕', 글꼴 크기는 '24', 글꼴 색은 '자주'로 각각 설정합니다.

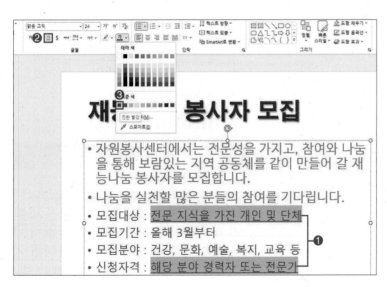

06 Ctrl 키를 누른 상태에서 해당 내용만을 드래그하여 블록 지정한 후, [홈] 탭의 [글꼴] 그룹에서 글꼴 스타일은 '밑줄', 글꼴 색은 '진한 빨강'으로 각각 설정합니다.

07 제목 텍스트 상자를 선택한 후, [홈] 탭의 [글꼴] 그룹에서 텍스트 강조 색 (🖊️▾) 목록 단추를 클릭하고, '옥색'을 선택합니다.

클릭하면 조절점이 생기면서
텍스트 상자가 선택됩니다.

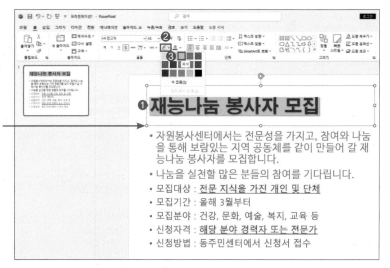

08 내용 텍스트 상자를 선택한 후, [홈] 탭의 [그리기] 그룹에서 도형 채우기 (⬘ 도형 채우기 ▾) 단추를 클릭하고, '밝은 회색, 배경 2'를 선택합니다.

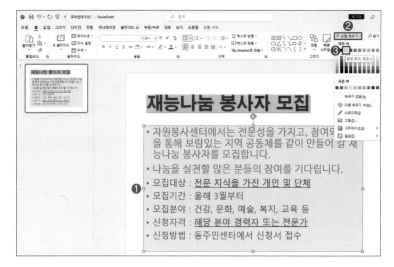

글꼴 서식

[홈] 탭의 [글꼴] 그룹에서 대화 상자(🖅) 단추를 클릭한 후, [글꼴] 대화 상자의 [글꼴] 탭을 이용하면 보다 다양한 글꼴 서식을 지정할 수 있습니다.

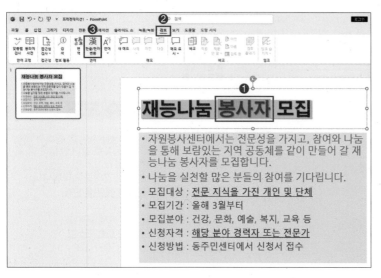

01 한자로 변경할 '봉사자'를 블록 지정한 후, [검토] 탭의 [언어] 그룹에서 한글/한자 변환(漢 한글/한자 변환) 단추를 클릭합니다.

02 [한글/한자 변환] 대화 상자가 나타나면 해당 한자와 입력 형태를 선택하고, [변환] 단추를 클릭합니다.

Plus**T**ip

입력 형태 :
- 漢字 → 奉仕者
- 한글(漢字) → 봉사자(奉仕者)
- 漢字(한글) → 奉仕者(봉사자)

03 동일한 방법으로 '공동체', '모집', '참여' 단어들을 입력 형태에 맞게 다음과 같이 해당 한자로 각각 변환합니다.

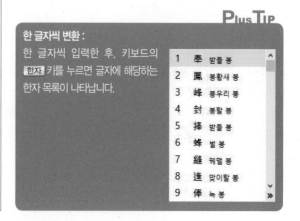

Plus**T**ip

한 글자씩 변환 :
한 글자씩 입력한 후, 키보드의 한자 키를 누르면 글자에 해당하는 한자 목록이 나타납니다.

1	奉 받들 봉
2	鳳 봉황새 봉
3	峰 봉우리 봉
4	封 봉할 봉
5	捧 받들 봉
6	蜂 벌 봉
7	縫 꿰멜 봉
8	逢 맞이할 봉
9	俸 녹 봉

04 특수 문자를 삽입하기 위하여 제목 앞에 커서를 위치시키고, [삽입] 탭의 [기호] 그룹에서 기호(Ω) 단추를 클릭합니다.

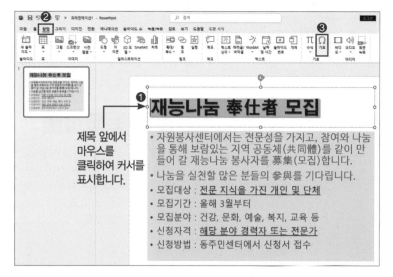

제목 앞에서 마우스를 클릭하여 커서를 표시합니다.

05 [기호] 대화 상자에서 글꼴은 '(현재 글꼴)', 하위 집합은 '도형 기호'를 각각 지정한 후, '◼' 기호를 선택하고 [삽입]/[닫기] 단추를 차례로 클릭합니다.

06 동일한 방법으로 제목 끝에도 커서를 위치시킨 후, '◼' 기호를 삽입합니다.

Plus**T**ip

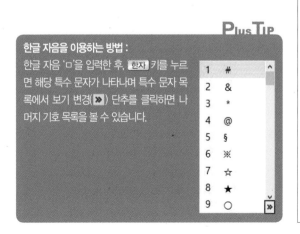

한글 자음을 이용하는 방법 :
한글 자음 'ㅁ'을 입력한 후, [한자] 키를 누르면 해당 특수 문자가 나타나며 특수 문자 목록에서 보기 변경(») 단추를 클릭하면 나머지 기호 목록을 볼 수 있습니다.

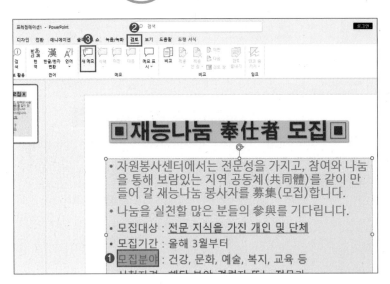

01 메모를 삽입하기 위하여 '모집분야'를 블록 지정한 후, [검토] 탭의 [메모] 그룹에서 새 메모(메모) 단추를 클릭합니다.

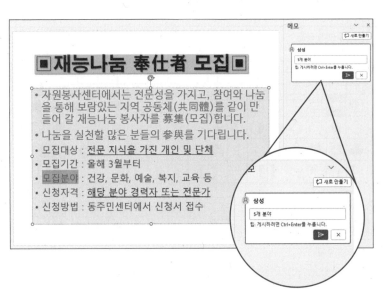

02 화면 오른쪽에 메모 창이 나타나면 "5개 분야"를 입력하고, 댓글 게시(▷) 단추를 클릭합니다.

Plus Tip

[메모] 그룹 :
■ 새 메모 : 문서의 해당 부분에 메모를 추가합니다.
■ 삭제 : 선택한 메모를 삭제합니다.
■ 이전/다음 : 문서에서 이전/다음 메모로 이동합니다.

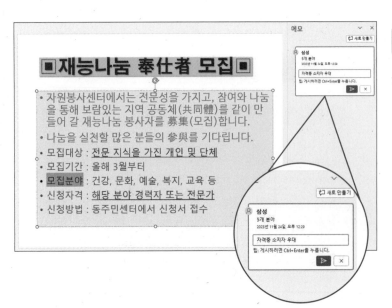

03 계속해서 회신 입력란에 "자격증 소지자 우대"를 입력하고, 댓글 게시(▷) 단추를 클릭합니다.

04 새로운 메모를 삽입하기 위하여 '신청서'를 블록 지정하고, 메모 창에서 새로 만들기(새로 만들기) 단추를 클릭합니다.

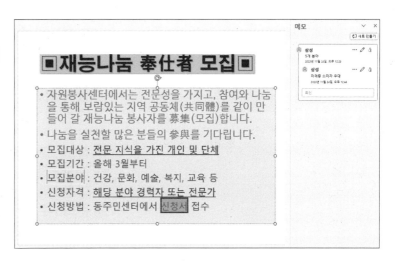

05 다시 메모 창에서 "팩스 또는 방문 접수"를 입력하고, 댓글 게시(▷) 단추를 클릭합니다.

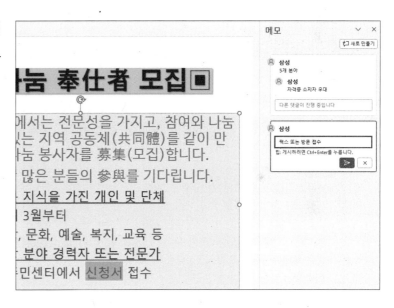

06 모든 메모 입력이 완료되면 메모 창의 오른쪽 상단 부분에서 닫기(×) 단추를 클릭합니다.

PLUS TIP

메모 확인 :
슬라이드에서 메모를 확인하려면 [검토] 탭의 [메모] 그룹에서 메모 표시(□) 단추를 클릭합니다. 메모 창에서 원하는 메모를 선택하면 메모가 적용된 부분을 확인할 수 있습니다.

모집분야 신청서

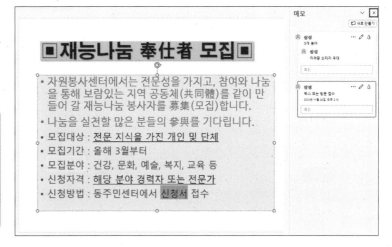

1

'제목 및 내용' 레이아웃에 주어진 내용을 입력하고, '척사대회.pptx'로 저장해 보세요.

주민화합 척사대회

- 민족 고유의 전통문화를 잇고 이웃 간 웃음과 화합의 시간을 가져보세요.
- 일시 : 2월달 주말 내내
- 시간 : 매주 토요일/일요일 10시~13시
- 장소 : 교통광장 및 동주민센터 앞
- 주관 : 척사대회 추진위원회
- 협찬 : 라이온스 클럽, ㈜아티오 재단
- 문의 : 주소지 관할 동주민센터
- 비고 : 신년행사

2

슬라이드 전체 내용에 임의의 글꼴 서식을 지정해 보세요.

힌트

- 제목 : 글꼴(HY헤드라인M), 글꼴 크기(48), 글꼴 색(진한 빨강)
- 내용 : 글꼴(궁서), 글꼴 크기(32), 글꼴 스타일(텍스트 그림자), 글꼴 색(진한 파랑)
- 항목 : 글꼴(돋움), 글꼴 크기(28), 글꼴 색(청회색, 텍스트 2)

주민화합 척사대회

- 민족 고유의 전통문화를 잇고 이웃 간 웃음과 화합의 시간을 가져보세요.
- 일시 : 2월달 주말 내내
- 시간 : 매주 토요일/일요일 10시~13시
- 장소 : 교통광장 및 동주민센터 앞
- 주관 : 척사대회 추진위원회
- 협찬 : 라이온스 클럽, ㈜아티오 재단
- 문의 : 주소지 관할 동주민센터
- 비고 : 신년행사

3

제목 텍스트 상자와 내용 텍스트 상자에 강조색과 채우기 색을 각각 지정해 보세요.

힌트

- 제목 텍스트 상자 : 노랑
- 내용 텍스트 상자 : 황금색, 강조 4, 80% 더 밝게

주민화합 척사대회

- 민족 고유의 전통문화를 잇고 이웃 간 웃음과 화합의 시간을 가져보세요.
- 일시 : 2월달 주말 내내
- 시간 : 매주 토요일/일요일 10시~13시
- 장소 : 교통광장 및 동주민센터 앞
- 주관 : 척사대회 추진위원회
- 협찬 : 라이온스 클럽, ㈜아티오 재단
- 문의 : 주소지 관할 동주민센터
- 비고 : 신년행사

1) 슬라이드 내용 작성 후, 주어진 단어를 한자로 변환하고 '분리배출.pptx'로 저장해 보세요.

힌트 [한글/한자 변환] 대화 상자에서 해당 한자와 입력 형태를 선택합니다.

분리배출 참여하기 행사(行事)

배출 대상
- 가연성 일반 쓰레기
- 종이, 병, 캔, 고철, 스티로폼, 플라스틱 등
- 크기 1m 미만 가전
- TV, 냉장고, 에어컨 등
- 대형(大型) 폐기물
- 화분, 유리, 그릇 등

배출 방법
- 종량제 봉투 사용
- 이물질 제거 후, 종류별로 묶어서 배출
- 배출날 문전 배출
- 협약업체에 신고
- 위탁업체에 신고
- 특수 마대(麻袋) 사용

2) 슬라이드 소제목에 해당 특수 문자를 각각 삽입해 보세요.

힌트 [기호] 대화 상자에서 글꼴은 '한글 글꼴', 하위 집합은 '도형 기호'를 지정한 후, 해당 특수 문자를 삽입합니다.

분리배출 참여하기 행사(行事)

◑배출 대상◑
- 가연성 일반 쓰레기
- 종이, 병, 캔, 고철, 스티로폼, 플라스틱 등
- 크기 1m 미만 가전
- TV, 냉장고, 에어컨 등
- 대형(大型) 폐기물
- 화분, 유리, 그릇 등

▨배출 방법▨
- 종량제 봉투 사용
- 이물질 제거 후, 종류별로 묶어서 배출
- 배출날 문전 배출
- 협약업체에 신고
- 위탁업체에 신고
- 특수 마대(麻袋) 사용

3) 슬라이드의 해당 단어에 '가구류, 사무기자재 등'이라는 메모를 삽입해 보세요.

힌트 [검토] 탭의 [메모] 그룹에서 [새 메모] 단추를 클릭한 후, 메모 창이 나타나면 주어진 내용을 입력합니다.

분리배출 참여하기 행사(行事)

◑배출 대상◑
- 가연성 일반 쓰레기
- 종이, 병, 캔, 고철, 스티로폼, 플라스틱 등
- 크기 1m 미만 가전
- TV, 냉장고, 에어컨 등
- 대형(大型) 폐기물
- 화분, 유리, 그릇 등

▨배출 방법▨
- 종량제 봉투 사용
- 이물질 제거 후, 종류별로 묶어서 배출
- 배출날 문전 배출
- 협약업체에 신고
- 위탁업체에 신고
- 특수 마대(麻袋) 사용

04 텍스트 슬라이드 응용하기

슬라이드 배경에 디자인 테마와 다양한 효과를 적용하여 화려한 슬라이드 디자인을 만들 수 있습니다. 또한, 슬라이드 내용에 단락 수준과 글머리 기호 및 번호를 삽입하여 항목을 구분하는 방법에 대하여 학습해 봅니다.

P·r·e·v·i·e·w

▷서울광장 70年 이야기 ◁

◎ 서울 시민 해방둥이의 70년 인생(人生) 이야기를 담은 전시(展示)가 서울
국제도서관에서 펼쳐집니다.

◎ 이번 전시에 관한 안내 사항은 다음과 같습니다.

🔺 기간 : 2월 15일(목) ~ 3월 29일(금)

🔺 시간 : 기간 내 10:00 ~ 17:00까지

🔺 장소 : 서울국제도서관 1층~3층

🔺 휴일 : 기간 내 매주 월요일

🔺 내용 : 현대사의 주요 사건 및 변천

🔺 문의 : 정보공개정책과(☎ 2133 – 5431, 5432)

▲ 서울광장.pptx

 핵심 내용

– 슬라이드에 원하는 디자인 테마를 적용한 후, 다양한 효과를 이용하여 테마를 편집하는 방법에 대해 알아봅니다.
– 텍스트에 단락 수준을 조절하고, 글머리 기호와 번호를 삽입하여 항목을 구분하는 방법에 대해 알아봅니다.

01 슬라이드 크기를 [표준(4:3)]으로 변경하고, 확대/축소 슬라이서를 이용하여 현재 화면을 '100%'로 설정합니다.

02 [디자인] 탭의 [테마] 그룹에서 테마(▼) 단추를 클릭하고 원하는 테마를 선택합니다. 여기서는 '명언' 테마를 선택하였습니다.

03 테마 색을 변경하기 위하여 [디자인] 탭의 [적용] 그룹에서 적용(▼) 단추를 클릭하고 원하는 색을 선택합니다. 여기서는 [색]–[다홍색]을 선택하였습니다.

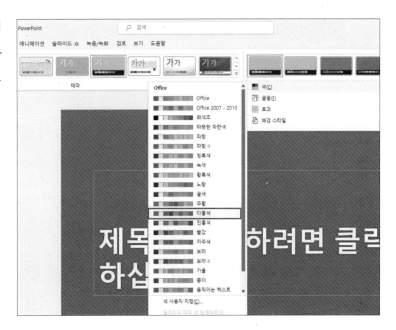

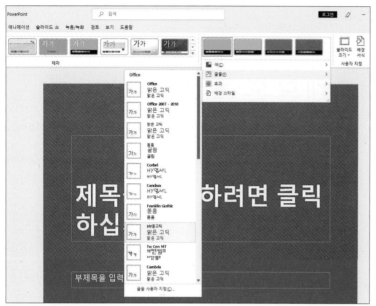

04 계속해서 테마 글꼴을 변경하기 위하여 [디자인] 탭의 [적용] 그룹에서 적용(⌄) 단추를 클릭하고 원하는 글꼴을 선택합니다. 여기서는 [글꼴]-[HY중고딕]을 선택하였습니다.

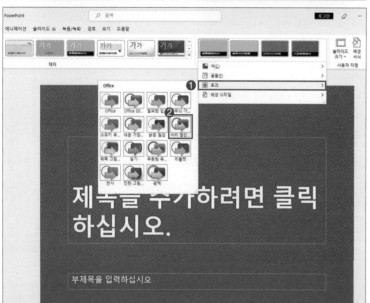

05 마지막으로 테마 효과를 변경하기 위하여 [디자인] 탭의 [적용] 그룹에서 적용(⌄) 단추를 클릭하고 원하는 효과를 선택합니다. 여기서는 [효과]-[서리 덮인 유리]를 선택하였습니다.

Plus Tip

배경 스타일 :
테마의 배경 서식(스타일)을 변경하거나 현재 디자인에서 디자인 요소를 숨길 수 있습니다.

06 제목 텍스트 상자와 부제목 텍스트 상자에 주어진 내용을 각각 입력합니다.

01 슬라이드를 추가하기 위하여 [홈] 탭의 [슬라이드] 그룹에서 새 슬라이드(새 슬라이드) 단추를 클릭하고, '제목 및 내용'을 선택합니다.

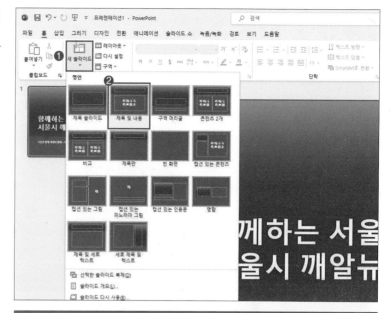

02 '제목 및 내용' 레이아웃에 주어진 내용 (특수 문자, 한자)을 각각 입력합니다.

▷서울광장 70年 이야기 ◁

◎ 서울 시민 해방둥이의 70년 인생(人生) 이야기를 담은 전시(展示)가 서울국제도서관에서 펼쳐집니다.
◎ 이번 전시에 관한 안내 사항은 다음과 같습니다.
◎ 기간 : 2월 15일(목) ~ 3월 29일(금)
◎ 시간 : 기간 내 10:00 ~ 17:00까지
◎ 장소 : 서울국제도서관 1층~3층
◎ 휴일 : 기간 내 매주 월요일
◎ 내용 : 현대사의 주요 사건 및 변천
◎ 문의 : 정보공개정책과(☎ 2133 – 5431, 5432)

03 단락 수준을 조절하기 위하여 해당 단락을 블록 지정한 후, [홈] 탭의 [단락] 그룹에서 목록 수준 늘림(荘) 단추를 클릭합니다.

Plus **T**ip

목록 수준 :
■ 목록 수준 늘림(荘) : 단락의 들여 쓰기 수준을 높입니다.
■ 목록 수준 줄임(荘) : 단락의 들여 쓰기 수준을 낮춥니다.

▷서울광장 70年 이야기 ◁

◎ 서울 시민 해방둥이의 70년 인생(人生) 이야기를 담은 전시(展示)가 서울국제도서관에서 펼쳐집니다.
◎ 이번 전시에 관한 안내 사항은 다음과 같습니다.
◎ 기간 : 2월 15일(목) ~ 3월 29일(금)
◎ 시간 : 기간 내 10:00 ~ 17:00까지
◎ 장소 : 서울국제도서관 1층~3층
◎ 휴일 : 기간 내 매주 월요일
◎ 내용 : 현대사의 주요 사건 및 변천
◎ 문의 : 정보공개정책과(☎ 2133 – 5431, 5432)

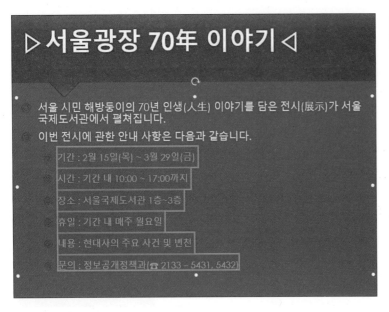

04 계속해서 블록 지정된 상태에서 [홈] 탭의 [단락] 그룹에 있는 줄 간격 ($\equiv$ ▾) 단추를 클릭하고, [1.5]를 선택합니다.

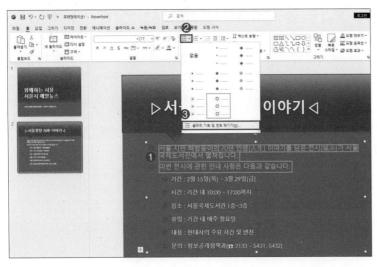

05 첫 번째와 두 번째 단락을 블록 지정한 후, [홈] 탭의 [단락] 그룹에서 글머리 기호 목록($\equiv$ ▾) 단추를 클릭하고, [글머리 기호 및 번호 매기기]를 선택합니다.

06 [글머리 기호 및 번호 매기기] 대화 상자가 나타나면 [글머리 기호] 탭에서 [사용자 지정] 단추를 클릭합니다.

Plus Tip

[글머리 기호] 탭 :
■ 텍스트 크기 : 텍스트의 크기에 따라 글머리 기호 크기를 조정합니다.
■ 색 : 글머리 기호의 색상을 변경할 수 있습니다.
■ 그림 : 기본적인 글머리 기호 외에 그림 모양의 글머리 기호를 삽입합니다.
■ 사용자 지정 : [기호] 대화 상자에서 원하는 모양의 특수 기호를 선택하여 글머리 기호로 사용할 수 있습니다.

07 [기호] 대화 상자가 나타나면 글꼴은 'Wingdings 2'를 지정한 후, 원하는 기호를 선택하고 [확인] 단추를 클릭합니다.

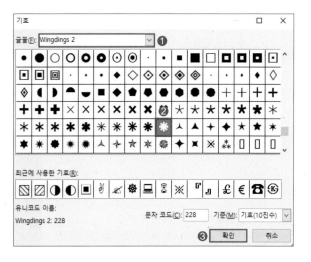

08 다시 [글머리 기호 및 번호 매기기] 대화 상자가 나타나면 [글머리 기호] 탭에서 새롭게 추가된 기호를 확인하고, [확인] 단추를 클릭합니다.

[기호] 대화 상자에서 선택한 기호가 추가된 상태입니다.

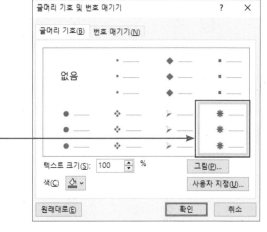

09 나머지 단락을 블록 지정한 후, [홈] 탭의 [단락] 그룹에서 번호 매기기 목록(≣)단추를 클릭하고, 원하는 번호 모양을 선택합니다.

PlusTip

글머리 기호 및 번호 :
글머리 기호나 번호가 삽입된 상태에서 Enter 키를 누르면 자동으로 글머리 기호나 번호가 삽입됩니다. 이때, 글머리 기호나 번호를 다음 줄에 삽입하지 않으려면 Shift + Enter 키를 누릅니다.

1

새로운 슬라이드에 '3D 메탈' 테마를 적용한 후, 테마 색을 '녹색'으로 변경해 보세요.

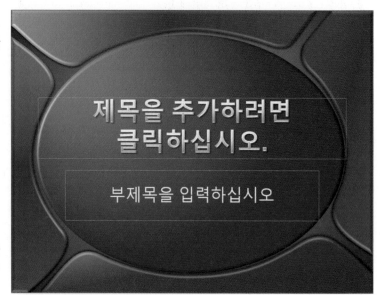

힌트

새로운 슬라이드에 '3D 메탈' 테마를 적용한 후, [디자인] 탭의 [적용] 그룹에서 [적용] 단추를 클릭하고 [색]-[녹색]을 선택합니다.

2

테마 글꼴은 'HY엽서L', 효과는 '반사'로 각각 변경해 보세요.

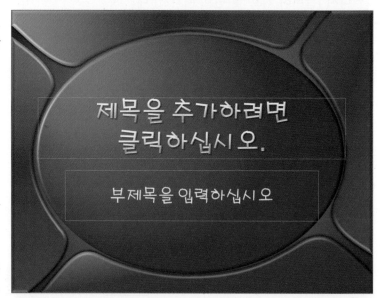

힌트

[디자인] 탭의 [적용] 그룹에서 [적용] 단추를 클릭하고, [글꼴]과 [효과] 메뉴를 이용합니다.

3

슬라이드에 주어진 내용을 입력하고, '딥러닝.pptx'로 저장해 보세요.

1) '갤러리' 테마를 적용하여 슬라이드를 작성한 후, 해당 부분에 목록 수준을 늘리고 '금연.pptx'로 저장해 보세요.

힌트
슬라이드 내용을 입력한 후, 해당 부분을 블록 지정하고 [홈] 탭의 [단락] 그룹에서 [목록 수준 늘림] 단추를 클릭합니다.

금연 구역 지정 현황 (담배 연기 없는 착한 구역)

- 하늘뉴타운 2단지 횡단보도부터 모범고등학교까지
- 학교 50m 이내에서는 담배 연기가 없어요
  - 거리 : 새마을거리(S여대 주변)
  - 공원 : 종로구 전체 공원 37개소
  - 하천 : 종로천, 산책천
  - 추가 지역 : 유치원 출입문으로부터 50m 이내
  - 기타 지역 : 민원이 발생하는 지역

2) 슬라이드의 해당 부분(단락)에 줄 간격을 '2.0'으로 조정해 보세요.

힌트
내용을 블록 지정한 후, [홈] 탭의 [단락] 그룹에서 [줄 간격] 단추를 클릭하고 '2.0'을 선택합니다.

금연 구역 지정 현황 (담배 연기 없는 착한 구역)

- 하늘뉴타운 2단지 횡단보도부터 모범고등학교까지
- 학교 50m 이내에서는 담배 연기가 없어요
  - 거리 : 새마을거리(S여대 주변)
  - 공원 : 종로구 전체 공원 37개소
  - 하천 : 종로천, 산책천
  - 추가 지역 : 유치원 출입문으로부터 50m 이내
  - 기타 지역 : 민원이 발생하는 지역

3) 슬라이드에서 글머리 기호와 번호를 다음과 같이 변경해 보세요.

힌트
내용을 각각 블록 지정한 후, [홈] 탭의 [단락] 그룹에서 [글머리 기호]와 [번호 매기기] 단추를 클릭하고 해당 기호와 번호를 선택합니다.

금연 구역 지정 현황 (담배 연기 없는 착한 구역)

- ❖ 하늘뉴타운 2단지 횡단보도부터 모범고등학교까지
- ❖ 학교 50m 이내에서는 담배 연기가 없어요
  - I. 거리 : 새마을거리(S여대 주변)
  - II. 공원 : 종로구 전체 공원 37개소
  - III. 하천 : 종로천, 산책천
  - IV. 추가 지역 : 유치원 출입문으로부터 50m 이내
  - V. 기타 지역 : 민원이 발생하는 지역

05 가로/세로 텍스트 상자 활용하기

슬라이드에 가로와 세로 텍스트 상자를 삽입하여 주어진 내용을 각각 입력한 후, 텍스트 상자의 위치와 방향을 자유롭게 조절하고 글꼴 서식을 편집(복사)하는 방법에 대하여 학습해 봅니다.

P·r·e·v·i·e·w

서울국제도서전

전시회명
Seoul International Book Fair

전시기간
6. 12. (수) ~ 6. 16. (일)

전시장소
코엑스 Hall A동

가능합니다.
홈페이지에서
도서전 공식
참가 신청은
있습니다.
의해 변경될 수
주최 측의 사정에
전시장 구성은
찾아갑니다.
모습으로
더욱 새로워진
서울국제도서전이

국내 출판사 및 서점, 도서관   해외 출판사 및 외국 대사관

출판인들을 위한 정보 교유

유아 및 청소년 관련 출판사   다양한 출판 정보 공유 및 구축

 ▲ 도서전.pptx

■■ 핵심 내용
- 슬라이드에 가로/세로 텍스트 상자를 삽입하고, 내용을 각각 입력하는 방법에 대해 알아봅니다.
- 가로/세로 텍스트 상자의 위치와 방향을 조절하고, 글꼴 서식을 복사하는 방법에 대해 알아봅니다.

01 슬라이드 크기를 [표준(4:3)]으로 변경하고, 확대/축소 슬라이서를 이용하여 현재 화면을 '100%'로 설정합니다.

02 [디자인] 탭의 [테마] 그룹에서 테마 (⌄) 단추를 클릭하고 원하는 테마를 선택합니다. 여기서는 '슬레이트' 테마를 선택하였습니다.

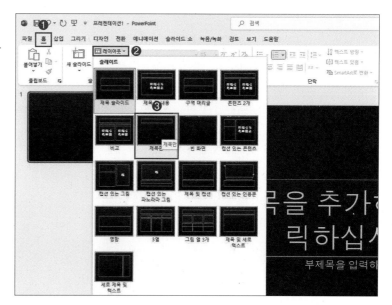

03 레이아웃을 변경하기 위하여 [홈] 탭의 [슬라이드] 그룹에서 레이아웃 (레이아웃 ⌄) 단추를 클릭하고, '제목만'을 선택합니다.

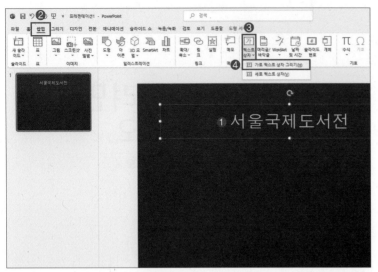

04 슬라이드 제목에 주어진 내용을 입력한 후, [삽입] 탭의 [텍스트] 그룹에서 텍스트 상자(텍스트 상자▾) 단추를 클릭하고 [가로 텍스트 상자 그리기]를 선택합니다.

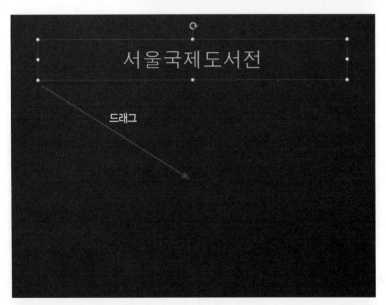

05 마우스 포인터가 '↕' 모양으로 변경되면 해당 위치에서 마우스를 드래그하여 가로 텍스트 상자의 크기를 적당히 조절합니다.

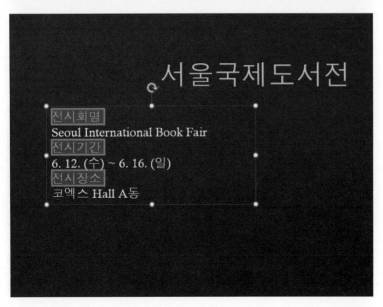

06 가로 텍스트 상자에 주어진 내용을 입력한 후, Ctrl 키를 누른 상태에서 마우스를 드래그하여 다음과 같이 블록 지정합니다.

07 [홈] 탭의 [글꼴] 그룹에서 글꼴은 '맑은 고딕', 글꼴 크기는 '20', 글꼴 스타일은 '굵게'를 지정한 후, [단락] 그룹에서 줄 간격 (‡≡ ‣) 단추를 클릭하고, [1.5]를 선택합니다.

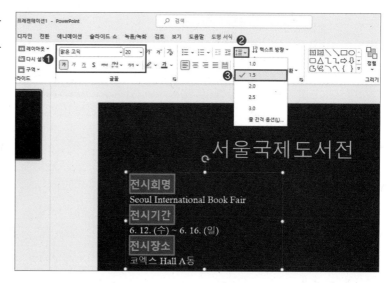

08 동일한 방법으로 나머지 내용을 블록 지정한 후, [홈] 탭의 [글꼴] 그룹에서 글꼴은 '돋움', 글꼴 크기는 '18', 글꼴 색은 '노랑'을 각각 지정합니다.

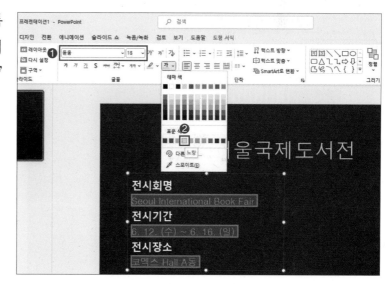

09 이번에는 [삽입] 탭의 [텍스트] 그룹에서 텍스트 상자(텍스트 상자 ‣) 단추를 클릭하고, [세로 텍스트 상자]를 선택합니다.

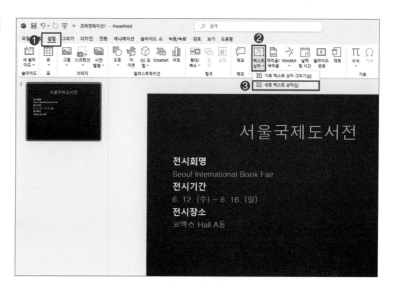

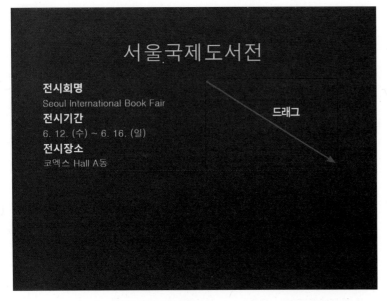

10 마우스 포인터가 '⟷' 모양으로 변경되면 해당 위치에서 마우스를 드래그하여 세로 텍스트 상자의 크기를 적당히 조절합니다.

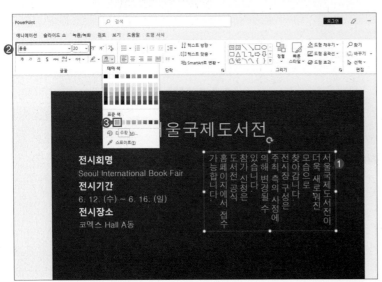

11 세로 텍스트 상자에 주어진 내용을 입력한 후, [홈] 탭의 [글꼴] 그룹에서 글꼴은 '돋움', 글꼴 크기는 '20', 글꼴 색은 '주황'을 각각 지정합니다.

PlusTip

텍스트 상자 위치 :
텍스트 상자의 위치를 이동하려면 해당 텍스트 상자를 선택한 후, 테두리 부분에서 마우스 포인터가 ✥ 모양으로 변경될 때 마우스를 원하는 방향으로 드래그합니다.

Power Upgrade

텍스트 맞춤(⊞ 텍스트 맞춤 ˅) 단추

텍스트 상자 내에서 텍스트가 정렬되는 방법을 변경하는 것으로, 가로 텍스트 상자와 세로 텍스트 상자에 따라 하위 메뉴가 다르게 나타납니다.

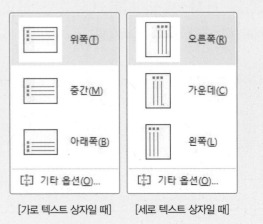

[가로 텍스트 상자일 때] [세로 텍스트 상자일 때]

01 가로 텍스트 상자를 이용하여 슬라이드 하단에 주어진 내용을 각각 입력한 후, 위치를 적당히 조절합니다.

세밀한 위치 조정은 방향키를 이용하면 편리합니다.

02 Ctrl 키를 이용하여 가로 텍스트 상자를 모두 선택한 후, [홈] 탭의 [글꼴] 그룹에서 글꼴은 '궁서', 글꼴 크기는 '18', 글꼴 색은 '연한 녹색'을 각각 지정합니다.

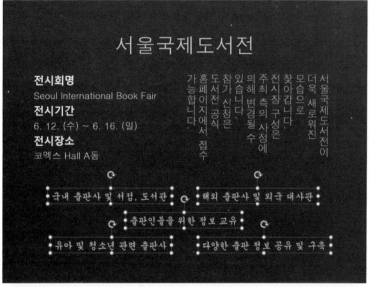

03 첫 번째 텍스트 상자의 방향을 조절하기 위하여 회전 핸들에 마우스를 위치시킨 후, 마우스 포인터가 변경되면 오른쪽 하단 방향으로 천천히 드래그합니다.

PlusTip

회전 핸들 :
회전 핸들에 마우스를 위치시키면 마우스 포인터가 🔄 모양으로 변경됩니다. 이때, 마우스를 천천히 드래그하면 텍스트 상자를 원하는 방향으로 회전시킬 수 있습니다.

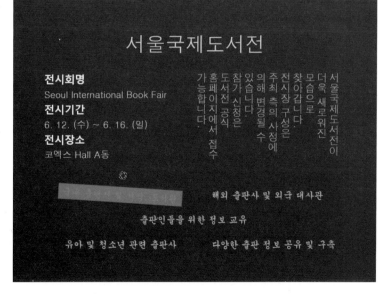

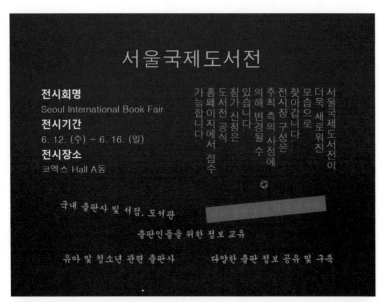

04 이번에는 두 번째 텍스트 상자의 방향을 조절하기 위하여 회전 핸들에 마우스를 위치시킨 후, 마우스 포인터가 변경되면 왼쪽 하단 방향으로 천천히 드래그합니다.

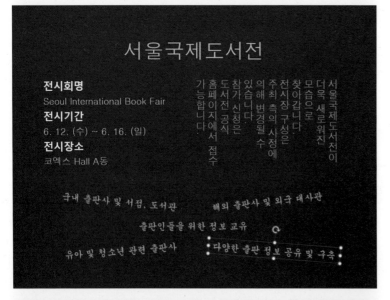

05 동일한 방법으로 나머지 텍스트 상자들도 회전 핸들을 이용하여 다음과 같이 방향을 조절합니다.

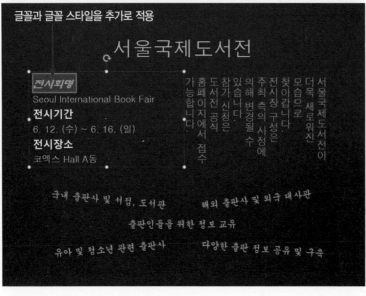

06 첫 번째 가로 텍스트 상자의 해당 부분을 블록 지정한 후, [홈] 탭의 [글꼴] 그룹에서 글꼴은 '휴먼옛체', 글꼴 스타일은 '기울임꼴'을 추가로 지정합니다.

07 계속해서 [홈] 탭의 [클립보드] 그룹에서 서식 복사(🖌 서식 복사) 단추를 더블클릭합니다.

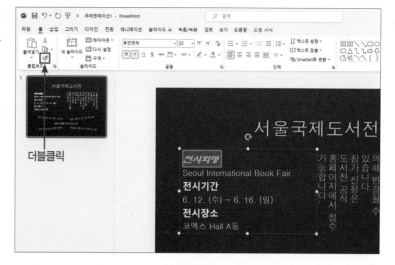

더블클릭

08 마우스 포인터가 🖌 모양으로 변경되면 다음과 같이 해당 내용을 드래그하여 동일한 서식을 복사합니다.

Plus Tip

서식 복사 :
글꼴에 대한 서식을 복사하는 기능으로 서식 복사 (🖌 서식 복사) 단추를 클릭하면 서식 복사를 한 번만 할 수 있고, 더블클릭하면 여러 번 복사할 수 있습니다.

09 나머지 내용에도 마우스를 드래그하여 동일한 서식을 복사한 후, Esc 키를 눌러 서식 복사를 취소합니다.

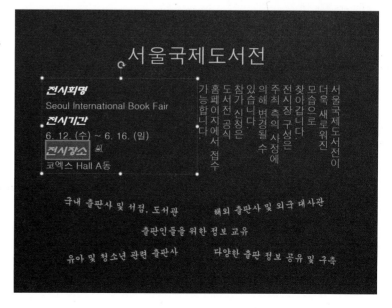

1

'심플' 테마에서 '제목만' 레이아웃을 적용한 후, 가로/세로 텍스트 상자를 이용하여 주어진 내용을 각각 입력해 보세요.

부스 안내 및 부스 제공 내역

골드 부스
전시 면적 3m X 3m 제공(선착순)
독립 부스
전시 면적 3m X 2.5m 제공(개별 진행)
기본 부스
전시 면적 2m X 2.5m 제공(선반 추가)
소형 부스
전시 면적 1m X 2m 제공(최대 2개)

안내 및 비고

부스의 위치는 설명회에서 추첨

협찬 기여도에 따라 선택권 부여

2

가로 텍스트 상자 내용 중 해당 단락의 줄 간격을 '2.0'으로 조정해 보세요.

힌트

1, 3, 5, 7번째 줄을 Ctrl 키를 이용하여 동시에 블록 지정한 후, [홈] 탭의 [단락] 그룹에서 [줄 간격] 단추를 클릭하고 [2.0]을 선택합니다.

부스 안내 및 부스 제공 내역

골드 부스
전시 면적 3m X 3m 제공(선착순)

독립 부스
전시 면적 3m X 2.5m 제공(개별 진행)

기본 부스
전시 면적 2m X 2.5m 제공(선반 추가)

소형 부스
전시 면적 1m X 2m 제공(최대 2개)

안내 및 비고

부스의 위치는 설명회에서 추첨

협찬 기여도에 따라 선택권 부여

3

세로 텍스트 상자의 내용을 왼쪽과 오른쪽으로 적당히 회전시켜 보세요.

힌트

세로 텍스트 상자의 회전 핸들에 마우스 포인터를 위치시킨 후, 왼쪽과 오른쪽으로 적당히 드래그합니다.

부스 안내 및 부스 제공 내역

골드 부스
전시 면적 3m X 3m 제공(선착순)

독립 부스
전시 면적 3m X 2.5m 제공(개별 진행)

기본 부스
전시 면적 2m X 2.5m 제공(선반 추가)

소형 부스
전시 면적 1m X 2m 제공(최대 2개)

안내 및 비고

부스의 위치는 설명회에서 추첨

협찬 기여도에 따라 선택권 부여

1) '슬라이스' 테마에서 '제목만' 레이아웃을 적용한 후, 가로/세로 텍스트 상자를 이용하여 주어진 내용을 입력하고 가로 텍스트 상자의 줄 간격을 '2.5'로 조정해 보세요.

힌트
1, 3, 5, 7번째 줄을 Ctrl 키를 이용하여 동시에 블록 지정한 후, [홈] 탭의 [단락] 그룹에서 [줄 간격] 단추를 클릭하고 [2.5]를 선택합니다.

예매 수수료
서울 : 별도 없음 / 도쿄 : 방법별 5,000원씩

위탁 수화물 수수료
서울 : 별도 없음 / 도쿄 : kg당 25,000원씩

지정 좌석 수수료
서울 : 별도 없음 / 도쿄 : 좌석별 33,000원씩

예약 변경 수수료
서울 : 별도 없음 / 도쿄 : 날짜별 41,000원씩

콜센터 및 공항카운터에 따라 상이함

카드 결제시 편도당 지불 수수료 부과

날짜 및 시간 변경시 수수료 일부 부과

서울항공 VS 도쿄항공 수수료

2) 세로 텍스트 상자의 내용을 왼쪽과 오른쪽으로 적당히 회전시켜 보세요.

힌트
세로 텍스트 상자의 회전 핸들에 마우스 포인터를 위치시킨 후, 왼쪽과 오른쪽으로 적당히 드래그합니다.

3) 가로 텍스트 상자에 임의의 글꼴 서식을 적용한 후, 글꼴 서식을 각각 복사해 보세요.

힌트
해당 내용을 각각 블록 지정한 후, [홈] 탭의 [클립보드] 그룹에서 [서식 복사] 단추를 더블 클릭하고 나머지 내용에 복사합니다.

06 도형 슬라이드 작성하기

도형은 슬라이드 내용을 시각적으로 표현할 수 있는 중요한 개체로, 텍스트와 그림의 중간 단계를 연결합니다. 여기에서는 다양한 도형을 삽입한 후 모양 변경, 도형 스타일, 그룹화, 복사, 크기 조절 방법 등에 대하여 학습해 봅니다.

Preview

도서 박람회의 새로운 문화 형성

World of Books
➢ 한국문학의 우수성 전파
➢ 책 읽는 도서 캠페인 진행
➢ 출판 산업 생태계의 변화
➢ 한국인 최초 맨부커상 수상

International Books
➢ 국내외 출판인들의 축제
➢ 출판 지식 네트워크 형성
➢ 출판인과 정부간 논의
➢ 참여사 네트워크 강화

Book Business
➢ 출판 저작권 수출입 거래
➢ 글로벌 비즈니의 확대
➢ 해외 출판문화콘텐츠 교류
➢ 세계 출판 시장의 트랜드

Book Festival
➢ 책으로 소통하는 문화 축제
➢ 문화 예술 프로그램 구성
➢ 새로운 북 라이프 스타일
➢ 책을 테마로 체험 및 전시

▲ 박람회.pptx

 핵심 내용

– 슬라이드에 다양한 도형을 삽입하고, 도형 모양을 변형하는 방법에 대해 알아봅니다.
– 삽입한 도형에 화려한 도형 스타일(도형 채우기/도형 윤곽선/도형 효과)을 지정하는 방법에 대해 알아봅니다.
– 여러 개의 도형을 한 번에 선택하여 그룹화하고, 동일하게 복사하는 방법에 대해 알아봅니다.

01 레이아웃을 변경하기 위하여 [홈] 탭의 [슬라이드] 그룹에서 레이아웃 (▦ 레이아웃 ˇ) 단추를 클릭하고, '빈 화면'을 선택합니다.

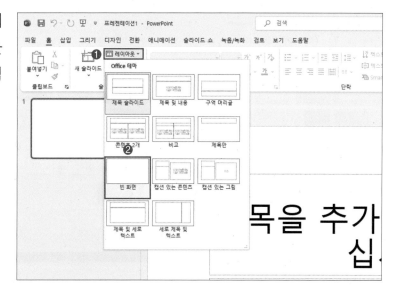

02 슬라이드 크기를 조절하기 위하여 [디자인] 탭의 [사용자 지정] 그룹에서 슬라이드 크기(슬라이드 크기) 단추를 클릭하고, [표준(4:3)]을 선택합니다.

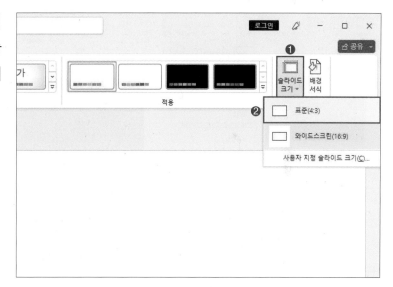

03 슬라이드 크기를 조정하겠다는 대화 상자가 나타나면 [최대화] 단추를 클릭합니다.

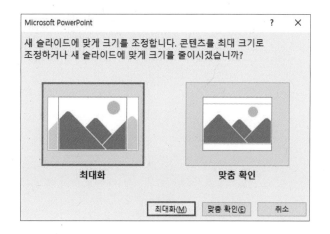

04 확대/축소 슬라이서를 이용하여 현재 화면을 '100%'로 설정한 후, [디자인] 탭의 [테마] 그룹에서 테마(⋁) 단추를 클릭하고 '천체' 테마를 선택합니다.

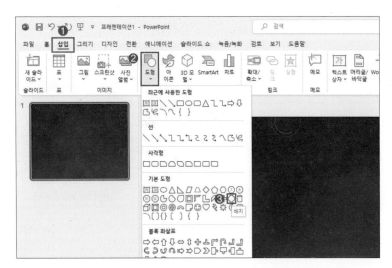

05 [삽입] 탭의 [일러스트레이션] 그룹에서 도형(⬛) 단추를 클릭하고, 기본 도형에 있는 '배지'를 선택합니다.

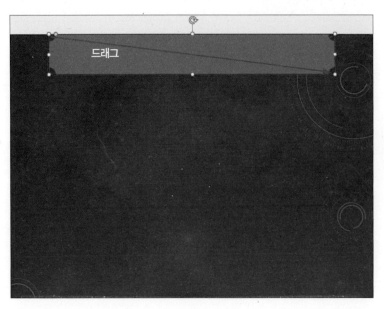

06 마우스 포인터가 '+' 모양으로 변경되면 슬라이드 상단에 적당한 크기로 드래그하여 삽입합니다.

Plus**T**ip

기본 도형 색 :
슬라이드에 도형을 삽입할 경우 도형의 기본 색은 파란색 계통이지만 슬라이드에 적용된 테마에 따라 도형의 색상이 다르게 나타납니다.

07 도형이 선택된 상태에서 노란색 모양 조절 핸들(◉)을 도형 안쪽으로 드래그하여 모양을 변경합니다.

Power Upgrade

도형의 편집 핸들

- 슬라이드에 도형을 삽입하면 회전 핸들, 모양 조절 핸들, 크기 조절 핸들이 나타납니다.
- 세 가지의 핸들을 이용하면 도형의 방향(각도), 모양, 크기 등을 자유롭게 조절할 수 있습니다.

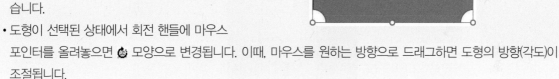

- 도형이 선택된 상태에서 회전 핸들에 마우스 포인터를 올려놓으면 ↻ 모양으로 변경됩니다. 이때, 마우스를 원하는 방향으로 드래그하면 도형의 방향(각도)이 조절됩니다.
- 도형이 선택된 상태에서 모양 조절 핸들에 마우스 포인터를 올려놓으면 ▷ 모양으로 변경됩니다. 이때, 마우스를 원하는 방향으로 드래그하면 도형의 모양이 변경됩니다.
- 도형이 선택된 상태에서 임의의 크기 조절 핸들에 마우스 포인터를 올려놓으면 ↔ 나 ↗ 모양으로 변경됩니다. 이때, 마우스를 원하는 방향으로 드래그하면 도형의 크기가 조절됩니다.

08 [삽입] 탭의 [일러스트레이션] 그룹에서 도형(⬡) 단추를 클릭하고, 사각형에 있는 '사각형: 둥근 위쪽 모서리'를 선택합니다.

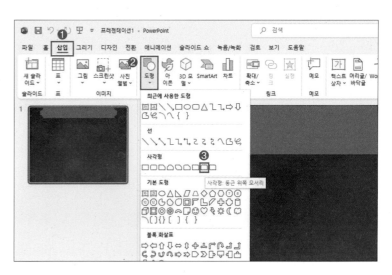

09 마우스 포인터가 '+' 모양으로 변경되면 슬라이드의 해당 위치에 적당한 크기로 드래그하여 삽입한 후, 동일한 방법으로 모양을 둥글게 변형합니다.

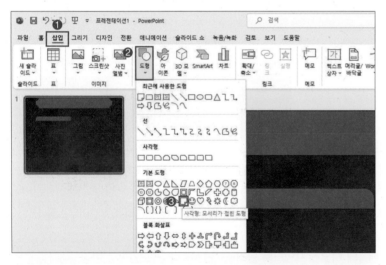

10 [삽입] 탭의 [일러스트레이션] 그룹에서 도형( ) 단추를 클릭하고, 기본 도형에 있는 '사각형: 모서리가 접힌 도형'을 선택합니다.

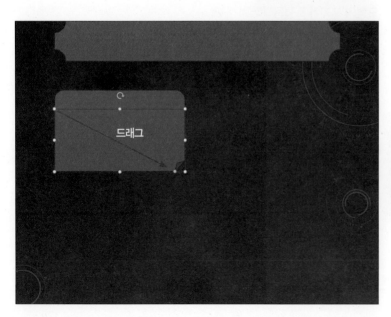

11 마우스 포인터가 '+' 모양으로 변경되면 '사각형: 둥근 위쪽 모서리' 아래쪽에 적당한 크기로 드래그하여 삽입합니다.

Plus **T**ip

도형 작성 방법 :
- Shift + 드래그 : 정사각형/정원과 같이 가로와 세로 비율이 동일한 상태로 삽입됩니다.
- Ctrl + 드래그 : 시작점의 위치가 도형의 중심점을 기준으로 상하좌우로 삽입됩니다.

01 배지 도형에 주어진 내용을 입력한 후, [홈] 탭의 [글꼴] 그룹에서 글꼴은 'HY 견고딕', 글꼴 크기는 '32', 글꼴 스타일은 '텍스트 그림자'를 각각 설정합니다.

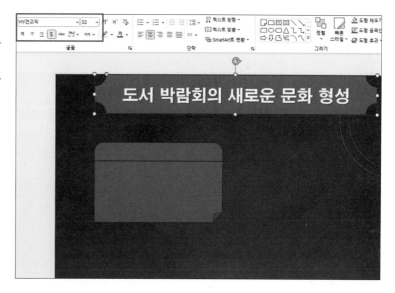

02 둥근 위쪽 모서리에 주어진 내용을 입력한 후, [홈] 탭의 [글꼴] 그룹에서 글꼴은 'Gadugi', 글꼴 크기는 '20', 글꼴 스타일은 '텍스트 그림자'를 각각 설정합니다.

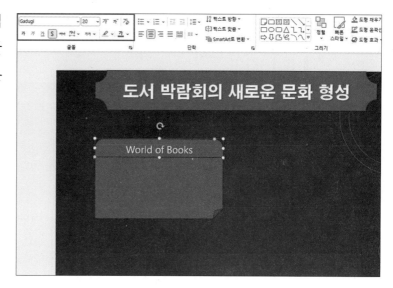

03 모서리가 접힌 도형을 선택한 후, [홈] 탭의 [단락] 그룹에서 글머리 기호 목록(≡·) 단추를 클릭하고, '화살표 글머리 기호'를 선택합니다.

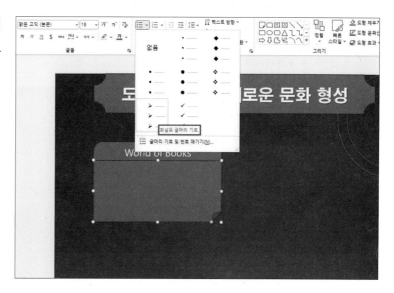

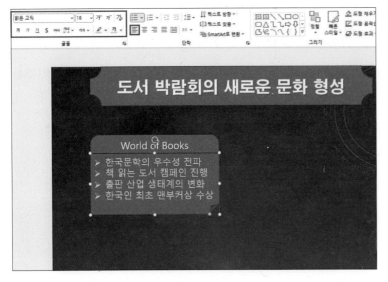

04 모서리가 접힌 도형에 글머리 기호와 내용을 입력한 후, [홈] 탭의 [글꼴] 그룹에서 글꼴은 '맑은 고딕', 글꼴 색은 '노랑'을 설정하고, [단락] 그룹에서 왼쪽 맞춤(☰) 단추를 클릭합니다.

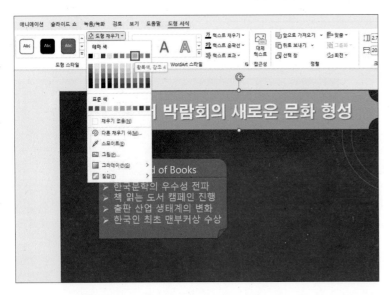

05 배지 도형을 선택한 후, [도형 서식] 탭의 [도형 스타일] 그룹에서 도형 채우기(◇ 도형 채우기 ▼) 단추를 클릭하고 '황록색, 강조 4'를 선택합니다.

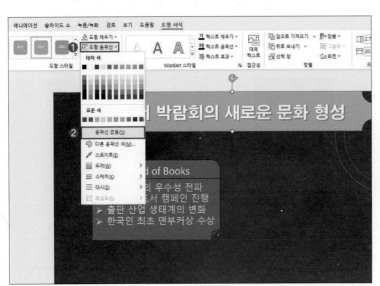

06 계속해서 도형 윤곽선(☑ 도형 윤곽선 ▼) 단추를 클릭하고, [윤곽선 없음]을 선택합니다.

Plus**T**ip

도형 스타일 :
- 도형 채우기 : 단색, 색상, 그림, 그라데이션, 질감 등을 지정합니다.
- 도형 윤곽선 : 윤곽선의 색, 두께, 스케치, 대시(선 스타일) 등을 지정합니다.
- 도형 효과 : 미리 설정, 그림자, 반사, 네온, 부드러운 가장자리, 입체 효과, 3차원 회전 등을 지정합니다.

07 계속해서 도형 효과(📝도형 효과 ▾) 단추를 클릭하고, [반사]-[반사 변형]-[근접 반사: 4pt 오프셋]을 선택합니다.

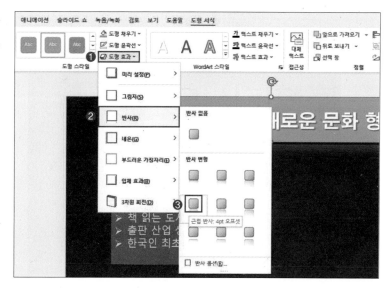

08 이번에는 둥근 위쪽 모서리를 선택한 후, 도형 채우기는 '황금색, 강조 5', 도형 윤곽선은 '윤곽선 없음'을 선택합니다.

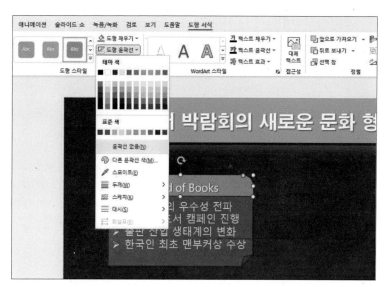

09 마지막으로 모서리가 접힌 도형 선택한 후, 도형 윤곽선은 '윤곽선 없음', 도형 효과는 [그림자]-[안쪽]-[안쪽: 오른쪽 아래]를 각각 선택합니다.

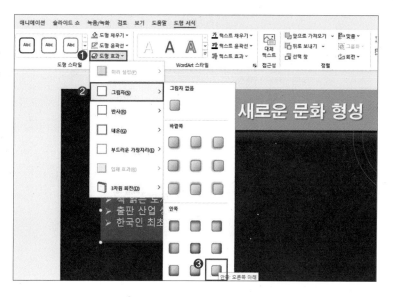

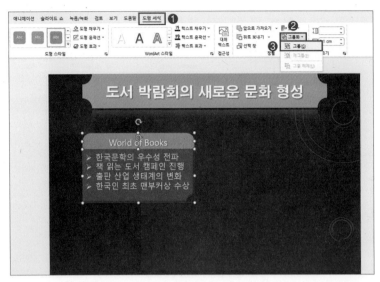

01 Ctrl 키를 누른 상태에서 두 개의 도형을 동시에 선택한 후, [도형 서식] 탭의 [정렬] 그룹에서 개체 그룹화(그룹화 ˅) 단추를 클릭하고 [그룹]을 선택합니다. 그러면 선택한 도형들이 하나의 도형으로 인식되면서, 작업 시 도형 그룹 전체에 적용됩니다.

Plus Tip

도형 선택 :
여러 개의 도형을 동시에 선택하려면 마우스로 해당 도형이 포함되도록 드래그하여 선택하거나 Ctrl 키 또는 Shift 키를 누른 상태에서 여러 도형을 선택합니다.

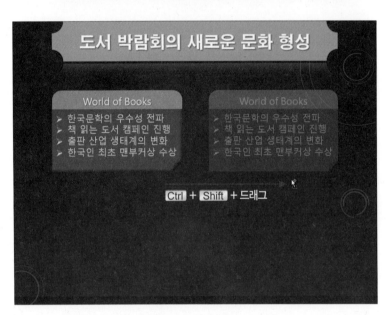

Ctrl + Shift + 드래그

02 하나로 그룹화된 도형을 Ctrl + Shift 키를 누른 상태에서 오른쪽으로 드래그하여 복사합니다.

Power Upgrade

도형 그룹화

• **그룹** : 여러 개의 도형(개체)을 하나로 그룹화하여 한꺼번에 이동/복사하고, 서식을 지정합니다.
• **그룹 해제** : 그룹화된 도형을 각각의 개별적인 도형(개체)으로 해제합니다.
• **재그룹** : 그룹이 해제되었던 도형들을 다시 하나로 그룹화합니다.

[그룹]   [그룹 해제]

03 이번에는 상단에 그룹화된 도형 2개를 동시에 선택한 후, Ctrl + Shift 키를 누른 상태에서 아래쪽으로 드래그하여 복사합니다.

Plus Tip

도형의 이동과 복사 :
- 드래그 : 도형을 원하는 위치로 이동합니다.
- Shift + 드래그 : 도형을 수평 또는 수직으로 이동합니다.
- Ctrl + 드래그 : 도형을 원하는 위치로 복사합니다.
- Ctrl + Shift + 드래그 : 도형을 수평 또는 수직으로 복사합니다.

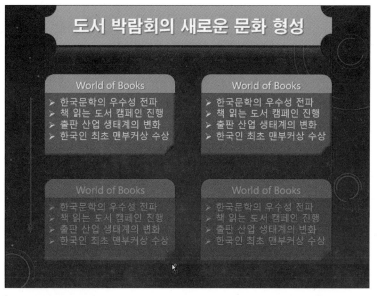

04 그룹화된 모든 도형을 선택한 후, 높이와 너비를 한꺼번에 조절하기 위하여 [도형 서식] 탭의 [크기] 그룹에서 도형 높이는 '5.3cm', 도형 너비는 '9cm'로 각각 조정합니다.

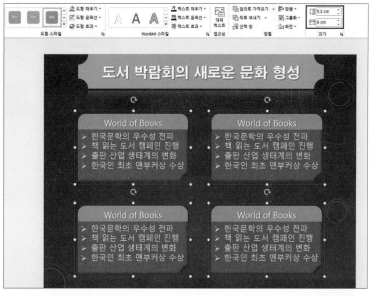

05 모든 작업이 완료되면 그룹화된 도형에 다음과 같이 텍스트 내용을 각각 수정하여 완료합니다.

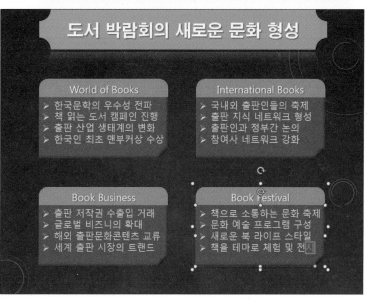

1

'빈 화면' 레이아웃에 '줄기' 테마를 적용하고, 다음과 같은 도형을 삽입해 보세요.

힌트

[삽입] 탭의 [일러스트레이션] 그룹에서 [도형] 단추를 클릭하고, 십자형, 화살표 : 오각형, 평행 사변형을 각각 삽입합니다.

2

삽입한 도형에 임의의 도형 스타일을 각각 적용해 보세요.

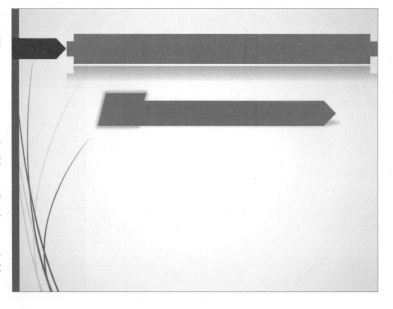

힌트

• 십자형 : 도형 채우기(주황, 강조 2), 도형 윤곽선(윤곽선 없음), 도형 효과(1/2 반사: 4pt 오프셋)

• 오각형 : 도형 채우기(밤색, 강조 3), 도형 윤곽선(윤곽선 없음), 도형 효과(원근감: 오른쪽 위)

• 평행 사변형 : 도형 채우기(황록색, 강조 4), 도형 윤곽선(윤곽선 없음), 도형 효과 (네온: 8pt, 황록색, 강조색 4)

3

두 개의 도형을 그룹화하여 아래쪽으로 복사한 후, 임의의 글꼴 서식으로 내용을 입력해 보세요.

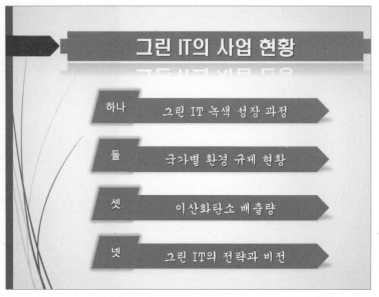

힌트

두 개의 도형을 동시에 선택한 후, [도형 서식] 탭의 [정렬] 그룹에서 [그룹화] 단추를 클릭하여 [그룹]을 선택한 다음, Ctrl + Shift 키를 이용하여 아래쪽으로 복사합니다.

1) '빈 화면' 레이아웃에 다음과 같은 도형을 삽입하고, 모양을 변경해 보세요.

힌트
[삽입] 탭의 [일러스트레이션] 그룹에서 [도형] 단추를 클릭한 후 육각형, 사각형: 둥근 모서리, 타원을 각각 삽입하고 모양 조절 핸들로 조정합니다.

2) 각 도형에 임의의 도형 스타일을 적용하고, 다음과 같이 복사해 보세요.

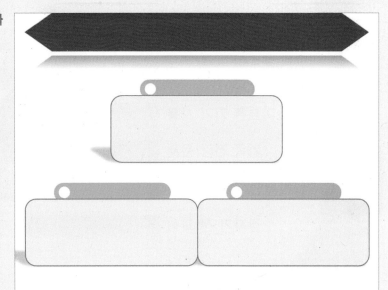

힌트
각 도형마다 임의의 도형 스타일을 적용한 후, 세 개의 도형을 선택하여 그룹화하고 Ctrl 키와 Ctrl + Shift 키를 이용하여 왼쪽과 오른쪽 하단으로 복사합니다.

3) 각 도형마다 주어진 내용을 입력한 후, 아래쪽 도형 너비는 '10.5cm'로 한 번에 조절해 보세요.

장애인 출산 비용 지원 사업

지원 대상
- 1~3등급 : 출산한 젊은 여성 장애인
- 1~3등급 : 본인 배우자가 출산한 자
- 4~6등급 : 출산한 고령 여성 장애인

지원 내용
- 여성 장애인 출산 비용 지원
- 장애인 배우자 출산 비용 지원
- 장애인 자녀의 출산 비용 지원

대상자 접수
- 신청 기간은 연중 수시 접수
- 출신 장애인 본인 또는 그 가족
- 직접 방문하여 신청서 작성

힌트
글머리 기호와 함께 임의의 글꼴 서식으로 내용을 입력한 후, 아래쪽 도형을 선택하고 [도형 서식] 탭의 [크기] 그룹에서 도형 너비를 조절합니다.

07 도형 슬라이드 응용하기

슬라이드에 도형을 삽입한 후, 점 편집 기능을 이용하여 도형의 모양을 자유롭게 변형해 봅니다. 또한, 겹쳐 있는 도형을 앞 뒤로 정렬하는 방법과 전체 도형을 상하좌우로 대칭하는 방법에 대해서도 학습해 봅니다.

Preview

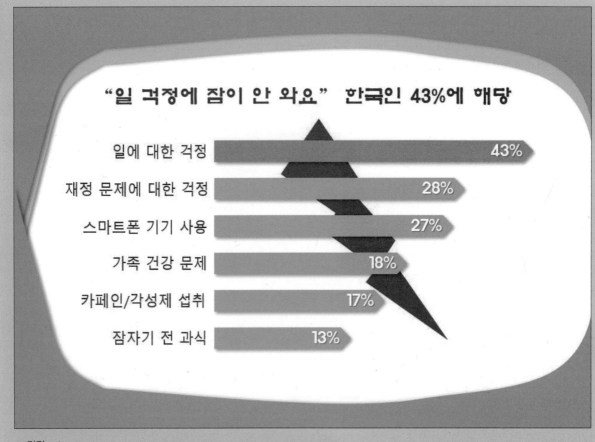

▲ 걱정.pptx

핵심 내용

– 슬라이드에서 도형의 모양을 변형할 경우 점 편집 기능을 이용하는 방법에 대해 알아봅니다.
– 도형을 편집할 때 앞뒤로 정렬하는 방법과 상하좌우로 대칭하는 방법에 대해 알아봅니다.
– 여러 개의 도형을 정렬할 때 가로와 세로 간격을 동일하게 맞추는 방법에 대해 알아봅니다.

01 슬라이드 레이아웃을 '빈 화면'으로 변경한 후, [디자인] 탭의 [사용자 지정] 그룹에서 슬라이드 크기(슬라이드 크기) 단추를 클릭하고, [표준(4:3)]을 선택하여 최대화 합니다.

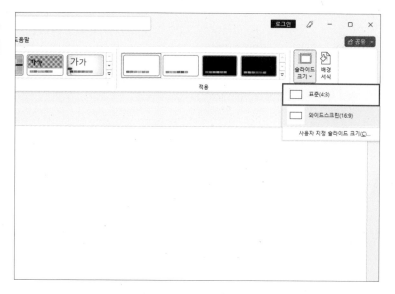

02 [삽입] 탭의 [일러스트레이션] 그룹에서 도형(도형) 단추를 클릭하고, 기본 도형에 있는 'ㄴ 도형'을 선택합니다.

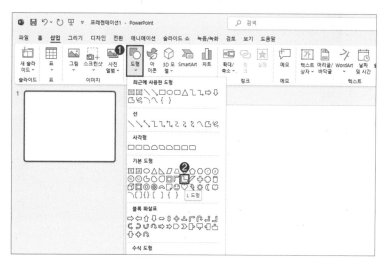

03 ㄴ 도형을 슬라이드 하단에 드래그하여 삽입한 후, [도형 서식] 탭의 [도형 삽입] 그룹에서 도형 편집(도형 편집 ▾) 단추를 클릭하고, [점 편집]을 선택합니다.

Plus **T**ip

점 편집 기능 :
도형의 여러 점을 이용하여 독립적으로 특정 부분을 편집할 수 있는 기능입니다.

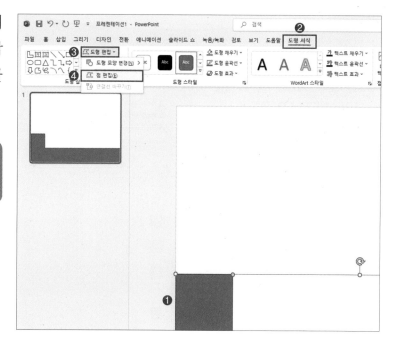

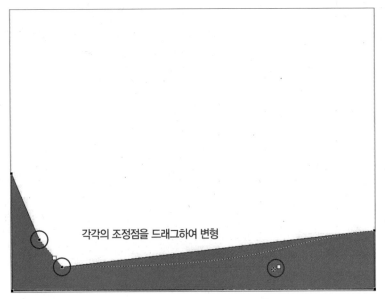

각각의 조정점을 드래그하여 변형

04 도형에 조정점이 나타나면 핸들러 조 정점을 이용하여 L 도형을 다음과 같 이 변형합니다.

Plus**T**ip

점 편집 방법 :
도형에 빨간색 선이 나타나면 변형하려는 부분에 마우스 포인터를 위치시킨 후, 마우스 포인터가 변경되면 해당 부분을 아래쪽으로 드 래그합니다.

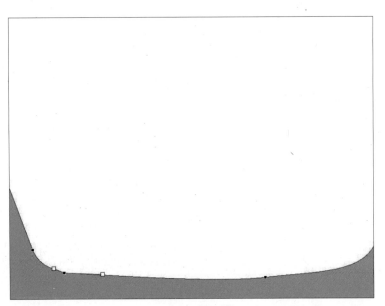

05 L 도형의 변형이 완료되면 [도형 서식] 탭의 [도형 스타일] 그룹에서 도형 채 우기는 '파랑, 강조 5', 도형 윤곽선은 '윤곽선 없음'을 각각 선택합니다.

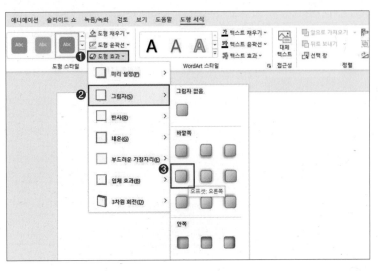

06 계속해서 [도형 스타일] 그룹에서 도형 효과(🔲 도형 효과 ﹀) 단추를 클릭하고, [그 림자]–[바깥쪽]–[오프셋: 오른쪽]을 선택합니다.

07 도형의 세로 크기를 조절하기 위하여 위쪽 크기 조절 핸들을 슬라이드 상단으로 적당히 드래그합니다.

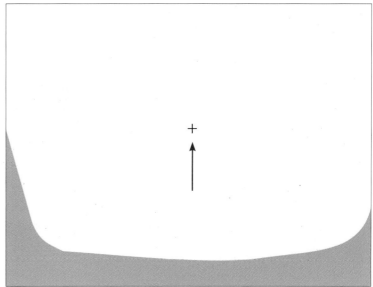

08 계속해서 Ctrl + Shift 키를 누른 상태에서 도형을 위쪽으로 드래그하여 복사합니다.

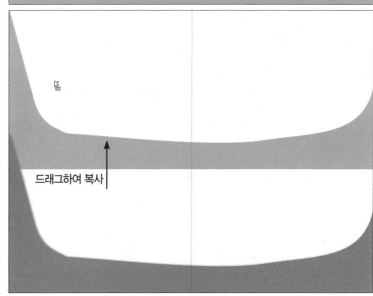

드래그하여 복사

도형 색상

도형의 색상을 변경할 때 테마 색이나 표준 색에 없는 다른 색을 적용하려면 [다른 채우기 색]을 선택한 후, [색] 대화 상자의 [표준] 탭에서 원하는 색상을 선택하면 됩니다.

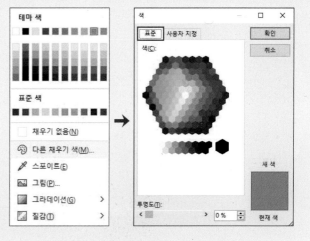

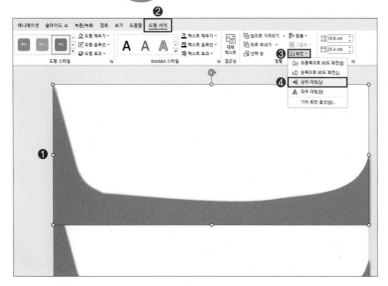

01 위쪽 도형을 선택한 후, [도형 서식] 탭의 [정렬] 그룹에서 개체 회전(◠ 회전 ˅) 단추를 클릭하고 [상하 대칭]을 선택합니다.

Plus **T**ip

[개체 회전] 단추 :
[개체 회전] 단추를 클릭하면 선택한 개체를 회전 (오른쪽으로/왼쪽으로 90도 회전) 시키거나 대칭(상하/좌우) 시킬 수 있습니다.

02 계속해서 [도형 서식] 탭의 [정렬] 그룹에서 뒤로 보내기(◻ 뒤로 보내기 ˅) 단추를 클릭하고, [맨 뒤로 보내기]를 선택합니다.

선택한 도형이 회전하여 보여집니다.

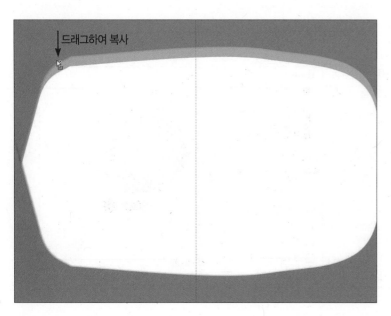

03 도형이 뒤로 정렬되면 Ctrl + Shift 키를 누른 상태에서 도형을 아래쪽으로 드래그하여 하나 더 복사합니다.

드래그하여 복사

04 도형이 복사되면 크기 조절 핸들을 아래쪽으로 드래그하여 도형 크기를 적당히 조절합니다.

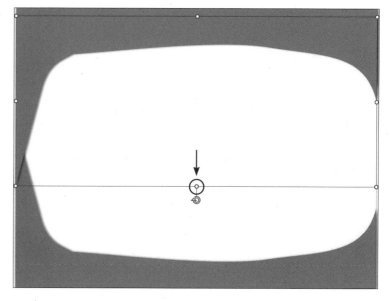

05 계속해서 [도형 서식] 탭의 [정렬] 그룹에서 뒤로 보내기(뒤로 보내기) 단추를 클릭하고, [맨 뒤로 보내기]를 선택합니다.

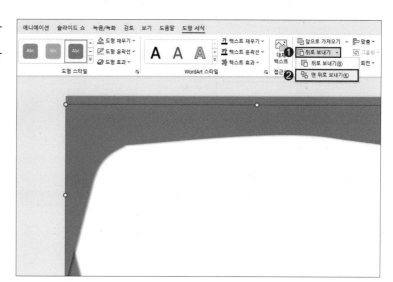

06 도형이 뒤로 정렬되면 [도형 서식] 탭의 [도형 스타일] 그룹에서 도형 채우기(도형 채우기) 단추를 클릭하고, '파랑, 강조 5, 40% 더 밝게'를 선택합니다.

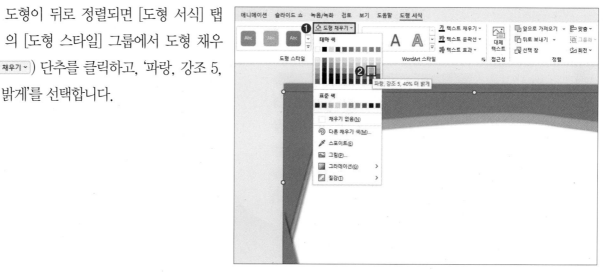

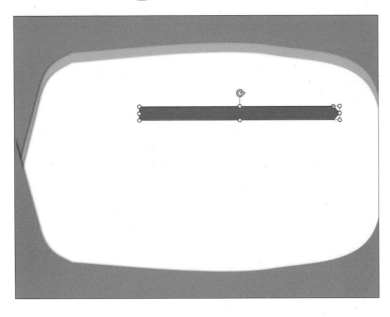

01 [삽입] 탭의 [일러스트레이션] 그룹에서 도형( ) 단추를 클릭하고, 블록 화살표에 있는 '화살표: 오각형'을 이용하여 슬라이드의 해당 위치에 적당한 크기로 삽입합니다.

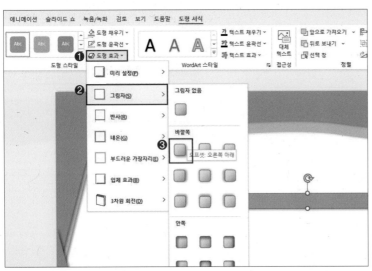

02 [도형 서식] 탭의 [도형 스타일] 그룹에서 도형 채우기는 '회색, 강조 3', 도형 윤곽선은 '윤곽선 없음', 도형 효과는 [그림자]-[바깥쪽]-[오프셋: 오른쪽 아래]를 선택합니다.

03 계속해서 Ctrl + Shift 키를 누른 상태에서 도형을 아래쪽으로 드래그하여 5개를 복사합니다.

04 복사한 도형을 모두 선택한 후, [도형 서식] 탭의 [정렬] 그룹에서 개체 맞춤 (⊫ 맞춤 ▾) 단추를 클릭하고, [세로 간격을 동일하게]를 선택합니다.

Plus Tip

가로/세로 간격을 동일하게 :
선택한 여러 도형들의 가로와 세로 간격을 동일하게 맞춥니다.

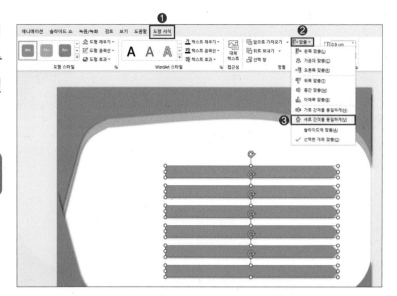

05 맨 위 도형만 색상(주황, 강조 2)을 변경하고, 각 도형마다 크기 조절 핸들을 이용하여 가로 크기를 다음과 같이 적당히 조절합니다.

06 각 도형마다 주어진 내용을 입력한 후, [홈] 탭의 [글꼴] 그룹에서 글꼴은 '휴먼엑스포', 글꼴 스타일은 '텍스트 그림자'를 설정하고 [단락] 그룹에서 오른쪽 맞춤(≡) 단추를 클릭합니다.

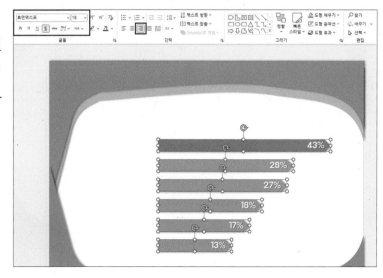

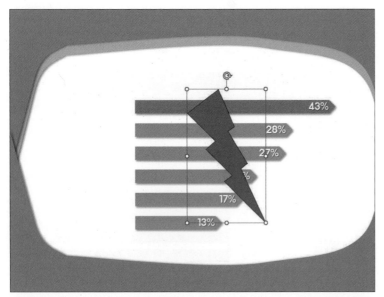

07 [삽입] 탭의 [일러스트레이션] 그룹에서 도형( ) 단추를 클릭하고, 기본 도형에 있는 '번개'를 이용하여 슬라이드의 해당 위치에 적당한 크기로 삽입합니다.

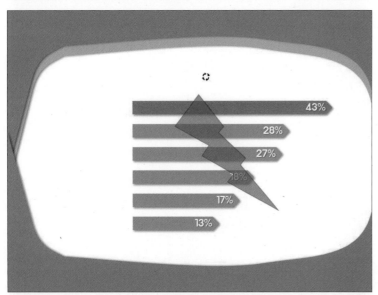

08 도형의 회전 핸들을 이용하여 번개 도형을 다음과 같이 회전시킵니다.

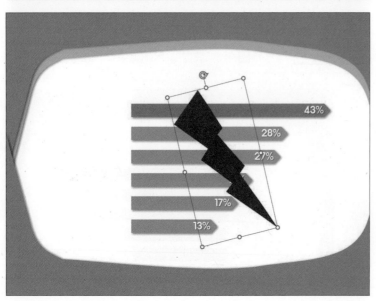

09 회전된 도형의 크기를 크게 조절한 후, [도형 서식] 탭의 [도형 스타일] 그룹에서 도형 채우기는 '진한 빨강', 도형 윤곽선은 '윤곽선 없음'을 각각 선택합니다.

10 계속해서 [도형 서식] 탭의 [정렬] 그룹에서 뒤로 보내기(⬚ 뒤로 보내기 ▾) 단추를 클릭하고, [맨 뒤로 보내기]를 선택합니다.

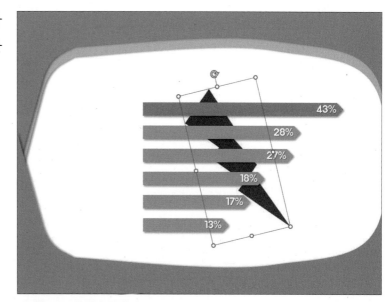

11 [삽입] 탭의 [텍스트] 그룹에서 텍스트 상자(텍스트 상자 ▾) 단추를 클릭하고, [가로 텍스트 상자 그리기]를 이용하여 슬라이드의 해당 위치에 주어진 내용을 각각 입력합니다.

PLUS TIP

텍스트 상자 위치 :
슬라이드에서 임의의 위치를 마우스로 클릭하여 주어진 내용을 입력합니다. 이때, 텍스트 상자의 크기를 지정할 필요는 없습니다.

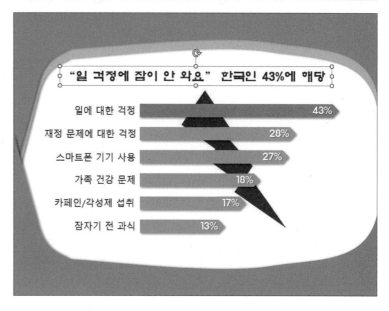

12 각각의 가로 텍스트 상자에 임의의 글꼴 서식을 지정한 후, 제목 텍스트 상자의 위치를 적당히 조절하여 완성합니다.

1

'제목만' 레이아웃에 '자연' 테마를 적용한 후, 다음과 같은 도형을 삽입하고 도형 스타일을 지정해 보세요.

힌트
- 눈물 방울 : 도형 채우기(주황, 강조 5), 도형 윤곽선(윤곽선 없음)
- 둥근 위쪽 모서리 : 도형 채우기(옥색, 강조 1/파랑, 강조 2/진한 파랑, 텍스트 2), 도형 윤곽선(윤곽선 없음)

2

각각의 도형에 주어진 내용을 입력하고, 임의의 글꼴 서식을 적용해 보세요.

힌트
- 제목 : 글꼴(HY견고딕), 글꼴 크기(44)
- 눈물 방울 : 글꼴(HY목각파임B), 글꼴 크기(24), 글꼴 스타일(텍스트 그림자)
- 둥근 위쪽 모서리 : 글꼴(맑은 고딕), 글꼴 크기(20), 글꼴 스타일(텍스트 그림자)

3

점 편집 기능을 이용하여 둥근 위쪽 모서리를 변형해 보세요.

힌트
도형을 선택한 후, [도형 서식] 탭의 [도형 삽입] 그룹에서 [도형 편집] 단추를 클릭하고 [점 편집]을 선택하여 양쪽을 각각 변형합니다.

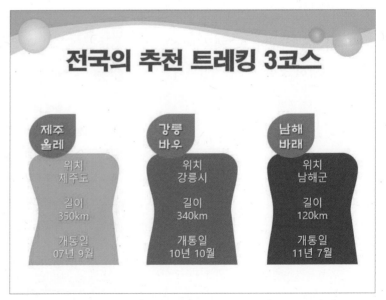

1) '빈 화면' 레이아웃에 주어진 내용을 입력한 후, 평행 사변형을 삽입하여 모양을 둥글게 변형해 보세요.

힌트
- 가로 텍스트 상자를 이용하여 주어진 내용을 입력하고, 임의의 글꼴 서식을 지정합니다.
- 점 편집 기능을 이용하여 위쪽 부분을 둥글게 변형한 후, 임의의 도형 스타일을 지정합니다.

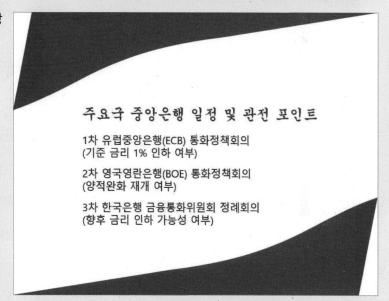

2) 변형된 평행 사변형을 위쪽으로 복사한 후, 상하좌우 대칭을 시켜 보세요.

힌트
Ctrl + Shift 키를 이용하여 평행 사변형을 위쪽으로 복사한 후, [도형 서식] 탭의 [정렬] 그룹에서 [개체 회전] 단추를 클릭하고 [상하/좌우 대칭]을 선택합니다.

3) 위쪽 평행 사변형을 복사한 후, 색상과 크기를 조절하고 뒤쪽으로 정렬시켜 보세요.

힌트
Ctrl + Shift 키를 이용하여 평행 사변형을 아래쪽으로 복사한 후, 색상과 크기를 조절하고 [도형 서식] 탭의 [정렬] 그룹에서 [뒤로 보내기] 단추를 클릭하고, [맨 뒤로 보내기]를 선택합니다.

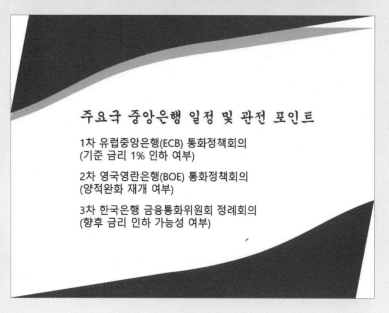

08 WordArt 삽입과 편집하기

WordArt는 미리 설정된 텍스트 효과를 이용하여 문자열을 디자인하는 기능으로, 슬라이드에서 강조가 필요한 제목이나 중요한 텍스트 내용을 작성할 때 유용합니다. 여기에서는 WordArt를 삽입하여 다양하게 편집한 후, 모양을 변환하는 방법에 대하여 학습해 봅니다.

▲ 저축은행.pptx

핵심 내용

– 슬라이드에 다양한 도형을 삽입하여 복사하고, 자유롭게 편집하는 방법에 대해 알아봅니다.
– 슬라이드에 WordArt를 삽입한 후, 내용 입력과 위치를 이동하는 방법에 대해 알아봅니다.
– 여러 가지 WordArt 스타일을 적용하면서 WordArt를 디자인하는 방법에 대해 알아봅니다.

01 슬라이드 레이아웃을 '빈 화면'으로 변경한 후, '그물' 테마를 적용하고 [디자인] 탭의 [사용자 지정] 그룹에서 슬라이드 크기(슬라이드 크기) 단추를 이용하여 최대화 합니다.

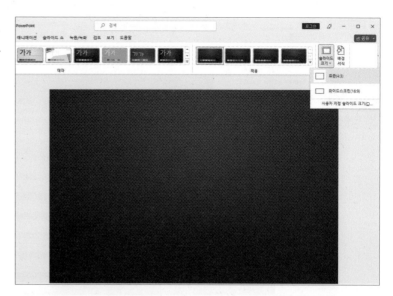

02 [삽입] 탭의 [일러스트레이션] 그룹에서 도형(도형) 단추를 클릭하고, 사각형에 있는 '사각형: 둥근 모서리'를 이용하여 슬라이드의 해당 위치에 적당한 크기로 삽입합니다.

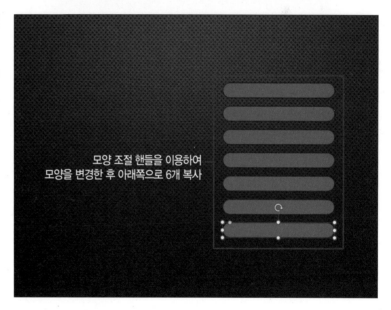

03 도형을 모두 선택한 후, [도형 서식] 탭의 [도형 스타일] 그룹에서 도형 채우기는 '황갈색, 강조 2', 도형 윤곽선은 '윤곽선 없음'을, [정렬] 그룹에서 개체 맞춤(맞춤) 단추를 클릭하고 [세로 간격을 동일하게]를 각각 선택합니다.

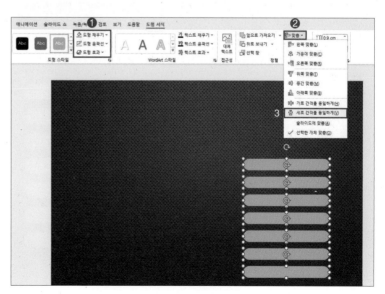

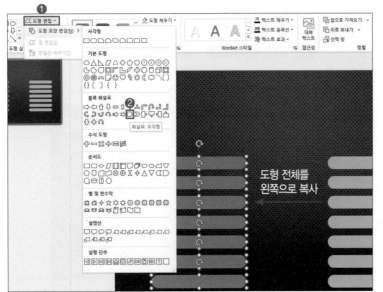

도형 전체를
왼쪽으로 복사

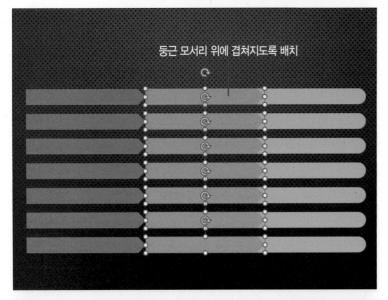

둥근 모서리 위에 겹쳐지도록 배치

04 계속해서 Ctrl + Shift 키를 누른 상태에서 왼쪽으로 복사한 후, 도형 채우기를 '주황, 강조 6'으로 변경하고 [도형 삽입] 그룹에서 도형 편집(도형 편집˅) 단추를 클릭한 다음 [도형 모양 변경]–[블록 화살표]–[화살표: 오각형]을 선택합니다.

PLUS TIP

도형 모양 변경 :
현재 슬라이드에 삽입된 도형을 원하는 새로운 도형으로 변경하는 기능으로 여러 도형을 변경하려면 Ctrl 키를 누른 채 변경할 도형을 클릭합니다.

05 변경된 오각형을 Ctrl + Shift 키를 누른 상태에서 오른쪽으로 한 번 더 복사한 후, 도형 채우기를 '주황, 강조 5'로 변경합니다.

06 각 도형에 주어진 내용을 입력한 후, 임의의 글꼴 서식을 지정하고 [홈] 탭의 [단락] 그룹에서 왼쪽 맞춤과 오른쪽 맞춤을 설정합니다.

왼쪽 맞춤		오른쪽 맞춤
삼화	나라금융	나라금융저축
제일	KGV금융	KGV저축은행
상업	대한금융	대한저축은행
에이스(제일2)	위즈금융	위즈저축은행
프라임	BM금융	BM저축은행
대영	미래증권	미래저축은행
보해	스마일증권	행복저축은행

07 [삽입] 탭의 [일러스트레이션] 그룹에서 도형( ) 단추를 클릭하고, 별 및 현수막에 있는 '폭발: 8pt'를 해당 위치에 적당한 크기로 삽입한 후, [도형 서식] 탭의 [도형 스타일] 그룹에서 도형 채우기는 '흰색, 텍스트 1', 도형 윤곽선은 '윤곽선 없음'을 각각 선택합니다.

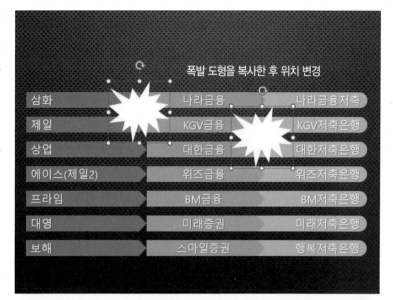

08 폭발 도형에 주어진 내용을 입력한 후, [홈] 탭의 [글꼴] 그룹에서 글꼴은 '맑은 고딕', 글꼴 크기는 '18', 글꼴 스타일은 '굵게', 글꼴 색은 '진한 빨강, 진한 파랑'을 각각 지정합니다.

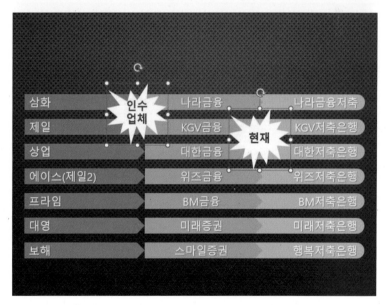

09 마지막으로 [도형 서식] 탭의 [도형 스타일] 그룹에서 도형 효과(도형 효과) 단추를 클릭하고, [그림자]-[바깥쪽]-[오프셋: 오른쪽 아래]를 선택합니다.

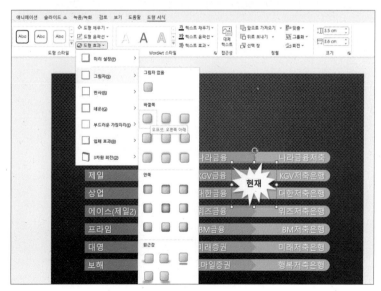

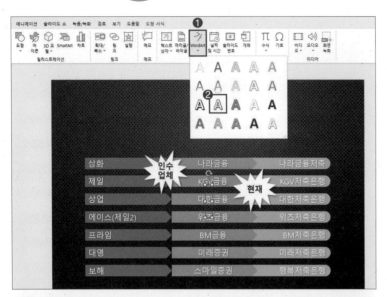

01 [삽입] 탭의 [텍스트] 그룹에서 WordArt( ) 단추를 클릭하고, 주어진 WordArt를 선택합니다.

PlusTip

WordArt :
WordArt(워드 아트)는 미리 설정된 텍스트 효과를 이용하여 문자열을 디자인하는 기능입니다.

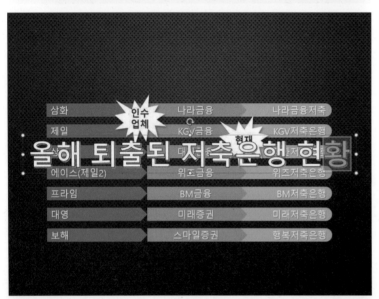

02 슬라이드에 선택한 WordArt가 나타나면 "올해 퇴출된 저축은행 현황"을 입력합니다.

03 WordArt를 마우스로 드래그하여 슬라이드 상단으로 이동합니다.

PlusTip

WordArt 이동 :
WordArt를 이동할 경우 WordArt 테두리에서 마우스 포인터가 모양으로 변경되면 원하는 위치로 드래그합니다.

04 다시 [삽입] 탭의 [텍스트] 그룹에서 WordArt(WordArt) 단추를 클릭하고, 주어진 WordArt를 선택합니다.

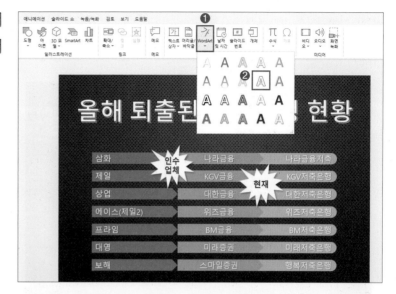

05 슬라이드에 선택한 WordArt가 나타나면 "자료 : 저축은행 연합회"을 입력합니다.

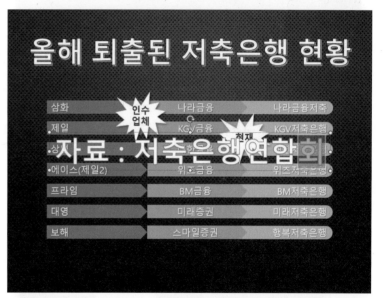

06 [홈] 탭의 [글꼴] 그룹에서 글꼴 크기를 '32'로 지정하고, WordArt를 마우스로 드래그하여 슬라이드 하단으로 이동합니다.

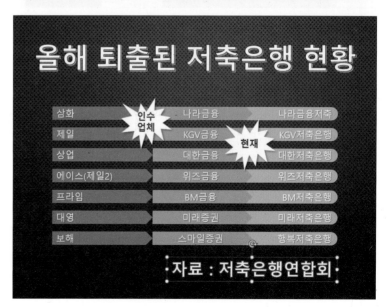

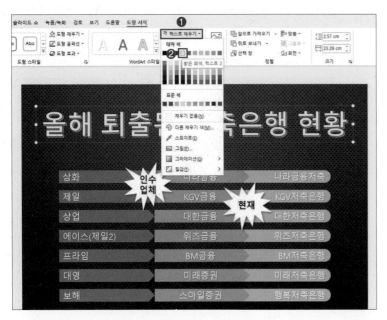

01 제목 WordArt를 선택한 후, [도형 서식] 탭의 [WordArt 스타일] 그룹에서 텍스트 채우기(가 텍스트 채우기 ▾) 단추를 클릭하고, '밝은 회색, 텍스트 2'를 선택합니다.

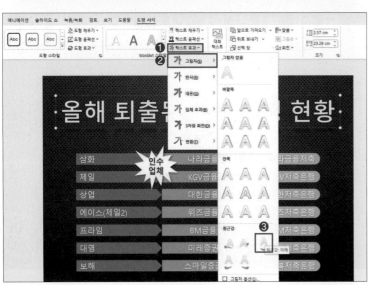

02 이번에는 [WordArt 스타일] 그룹에서 텍스트 효과(가 텍스트 효과 ▾) 단추를 클릭하고, [그림자]-[원근감]-[원근감: 아래]를 선택합니다.

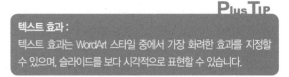

PLUS TIP

텍스트 효과 :
텍스트 효과는 WordArt 스타일 중에서 가장 화려한 효과를 지정할 수 있으며, 슬라이드를 보다 시각적으로 표현할 수 있습니다.

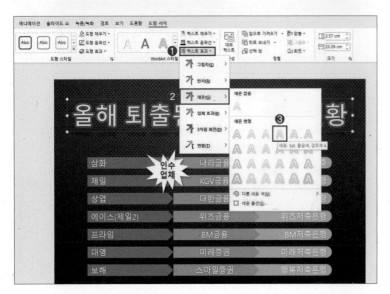

03 계속해서 텍스트 효과(가 텍스트 효과 ▾) 단추를 클릭하고, [네온]-[네온 변형]-[네온: 5pt, 황금색, 강조색 4]를 선택합니다.

04 아래쪽 WordArt를 선택한 후, [도형 서식] 탭의 [WordArt 스타일] 그룹에서 텍스트 채우기(**가** 텍스트 채우기 ▾) 단추를 클릭하고, '노랑'을 선택합니다.

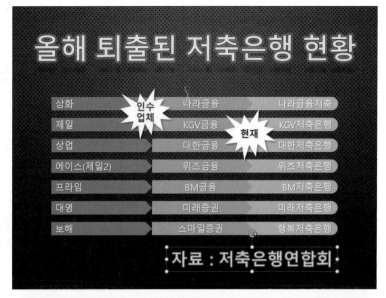

05 계속해서 텍스트 효과(**가** 텍스트 효과 ▾) 단추를 클릭하고, [반사]–[반사 변형]–[근접 반사: 8pt, 오프셋]을 선택합니다.

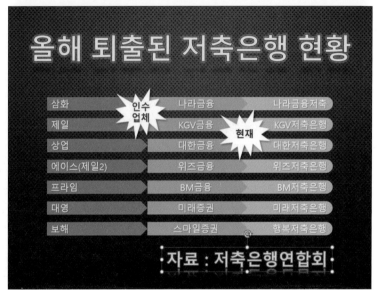

06 마지막으로 텍스트 효과(**가** 텍스트 효과 ▾) 단추를 클릭하고, [변환]–[휘기]–[갈매기형 수장: 위로]를 선택합니다.

Plus **T**ip

WordArt 모양 조절 핸들 :
WordArt에 나타난 모양 조절 핸들은 노란색으로 표시되며, 이를 마우스로 드래그하면 현재 선택한 WordArt의 모양을 쉽게 변형할 수 있습니다.

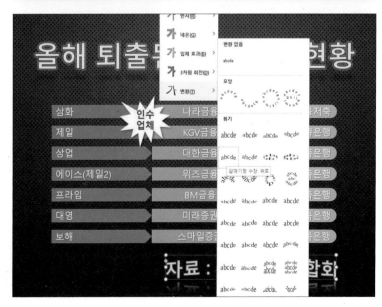

1

'빈 화면' 레이아웃에 '회로' 테마를 적용하고,
임의의 WordArt를 삽입해 보세요.

2

상단 WordArt에는 네온 효과, 하단 WordArt에
는 반사 효과를 각각 적용해 보세요.

힌트
- 상단 : [네온]─[네온 변형]─[네온: 5pt, 라임,
  강조색 1]
- 하단 : [반사]─[반사 변형]─[근접 반사: 8pt
  오프셋]

3

상단 WordArt에는 변환 효과, 하단 WordArt에
는 3차원 회전 효과를 각각 적용해 보세요.

힌트
- 상단 : [변환]─[휘기]─[수축]
- 하단 : [3차원 회전]─[평행]─[축 분리 1: 오른
  쪽으로]

1) '빈 화면' 레이아웃에 '디지털' 테마를 적용한 후, 도형 슬라이드를 작성하고 임의의 WordArt를 삽입해 보세요.

2) 상단 WordArt와 하단 WordArt에 서로 다른 변환 효과를 각각 적용해 보세요.

힌트
- 상단 : [변환]─[휘기]─[위로 구부리기]
- 하단 : [변환]─[휘기]─[물결: 위로]

3) 상단 WordArt와 하단 WordArt의 모양을 각각 변형해 보세요.

힌트
WordArt를 각각 선택하고, 노란색 모양 조절 핸들을 안쪽으로 드래그합니다.

09 온라인 그림 삽입과 편집하기

온라인 그림은 가장 기본적인 멀티미디어 요소로, 슬라이드의 작성 내용과 관련된 그림을 검색하여 삽입하면 보다 효과적인 프레젠테이션이 될 수 있습니다. 여기에서는 온라인 그림을 삽입하고, 다양하게 편집하는 방법에 대하여 학습해 봅니다.

P·r·e·v·i·e·w

유럽 축구 1군 선수 배출 구단

아약스[네덜란드]	1군 선수(77명)
파르티잔[세르비아]	1군 선수(74명)
바르셀로나[스페인]	1군 선수(57명)
디나모 자그레브[크로아티아]	1군 선수(50명)
레알 마드리드[스페인]	1군 선수(46명)
스포르팅[포르투갈]	1군 선수(43명)

 ▲ 유럽축구.pptx

핵심 내용

– [온라인 그림] 대화 상자에서 원하는 내용(단어)을 검색하여 그림을 삽입하는 방법에 대해 알아봅니다.
– 슬라이드에 삽입한 온라인 그림을 다양하게 편집하는 방법에 대해 알아봅니다.

01 슬라이드 레이아웃을 '제목만'으로 변경한 후, '주요 이벤트' 테마를 적용하고 [디자인] 탭의 [사용자 지정] 그룹에서 슬라이드 크기를 최대화 합니다.

02 슬라이드 제목을 입력한 후, [삽입] 탭의 [텍스트] 그룹에서 [텍스트 상자]–[가로 텍스트 상자 그리기]를 이용하여 해당 위치에 주어진 내용을 입력하고 임의의 글꼴 서식을 지정합니다.

03 [삽입] 탭의 [일러스트레이션] 그룹에서 도형(도형) 단추를 클릭하고, 선에 있는 '선'을 이용하여 슬라이드의 해당 위치에 다음과 같이 삽입합니다.

Ctrl + Shift 키를 이용하여 아래쪽으로 복사

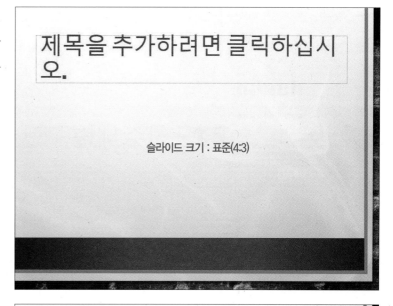

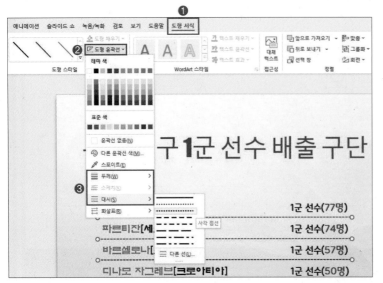

04 [도형 서식] 탭의 [도형 스타일] 그룹에서 도형 윤곽선(☑도형 윤곽선 ▾) 단추를 클릭하고, [두께]-[1½ pt]와 [대시]-[사각 점선]을 각각 선택합니다.

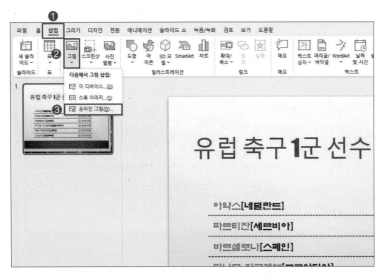

05 슬라이드에 그림을 삽입하기 위하여 [삽입] 탭의 [이미지] 그룹에서 그림(🖼) 단추를 클릭하고, [온라인 그림]을 선택합니다.

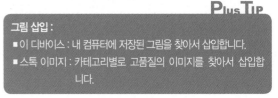

PlusTip

그림 삽입 :
■ 이 디바이스 : 내 컴퓨터에 저장된 그림을 찾아서 삽입합니다.
■ 스톡 이미지 : 카테고리별로 고품질의 이미지를 찾아서 삽입합니다.

06 [온라인 그림] 대화 상자의 Bing 검색란에 "축구"를 입력하여 검색한 후, 원하는 그림을 선택하고 [삽입] 단추를 클릭합니다.

07 슬라이드에 온라인 그림이 삽입되면 크기 조절 핸들을 이용하여 크기를 적당히 조절한 후, 그림을 해당 위치로 드래그하여 이동합니다.

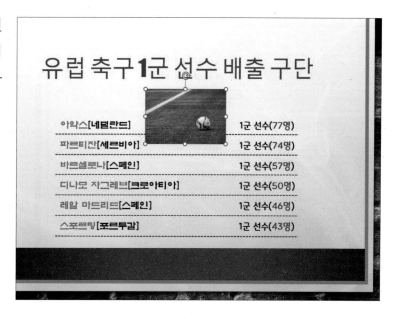

08 다시 [삽입] 탭의 [이미지] 그룹에서 그림(🖼 그림) 단추를 클릭하고 [온라인 그림]을 선택한 후, [온라인 그림] 대화 상자에서 "축구공"를 검색하여 원하는 그림을 삽입합니다.

09 슬라이드에 온라인 그림이 삽입되면 크기 조절 핸들을 이용하여 크기를 적당히 조절한 후, 그림을 해당 위치로 드래그하여 이동합니다.

Plus**T**ip

아이콘 삽입 :
[삽입] 탭의 [일러스트레이션] 그룹에서 아이콘(😀) 단추를 클릭하면 [스톡 이미지] 대화 상자에서 카테고리별로 원하는 아이콘을 삽입할 수 있습니다.

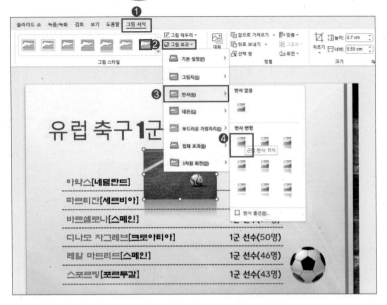

01 축구 그림을 선택한 후, [그림 서식] 탭의 [그림 스타일] 그룹에서 그림 효과(그림 효과 ▾) 단추를 클릭하고, [반사]-[반사 변형]-[근접 반사: 터치]를 선택합니다.

02 계속해서 그림 효과(그림 효과 ▾) 단추를 클릭하고, [부드러운 가장자리]-[부드러운 가장자리 변형]-[2.5 포인트]를 선택합니다.

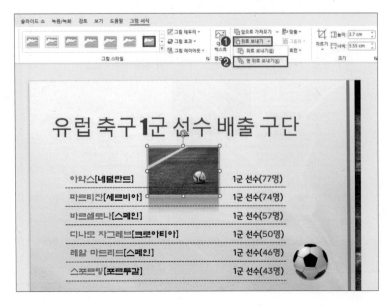

03 이번에는 [그림 서식] 탭의 [정렬] 그룹에서 뒤로 보내기(뒤로 보내기 ▾) 단추를 클릭하고, [맨 뒤로 보내기]를 선택합니다.

04 축구공 그림을 선택한 후, [그림 서식] 탭의 [그림 스타일] 그룹에서 그림 효과(🖼그림 효과 ˅) 단추를 클릭하고, [그림자]−[원근감]−[원근감: 오른쪽 위]를 선택합니다.

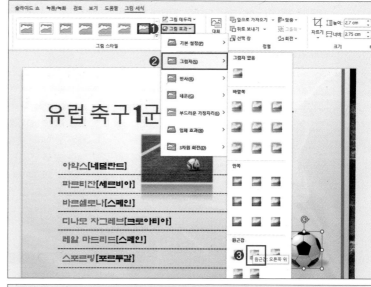

05 마지막으로 그림 효과(🖼그림 효과 ˅) 단추를 클릭하고, [입체 효과]−[입체 효과]−[둥글게]를 선택합니다.

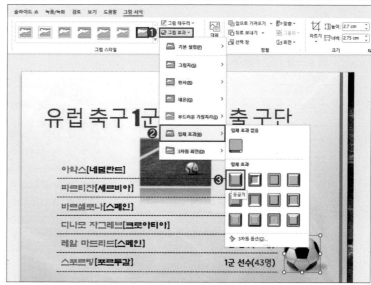

Power Upgrade

빠른 스타일

- [그림 서식] 탭의 [그림 스타일] 그룹에서 빠른 스타일(▼) 단추를 클릭하면 그림에 다양한 효과가 적용된 스타일을 한 번에 지정할 수 있습니다.
- 총 28개의 스타일이 있으며, 선택 시 그림의 전체 표시 스타일을 빠르게 선택할 수 있습니다.

 →

1

'제목만' 레이아웃에 '교육' 테마를 적용한 후, 도형 슬라이드를 작성하고 주어진 온라인 그림을 삽입해 보세요.

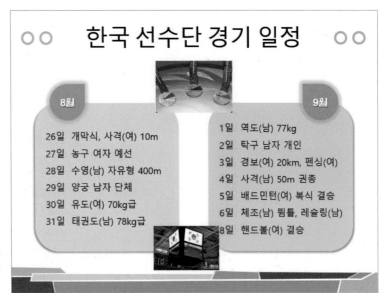

힌트

[삽입] 탭의 [이미지] 그룹에서 [그림]-[온라인 그림]을 선택한 후, Bing 검색란에 "메달"과 "올림픽"을 입력하여 검색합니다.

2

온라인 그림에 반사 효과와 부드러운 가장자리 효과를 각각 적용해 보세요.

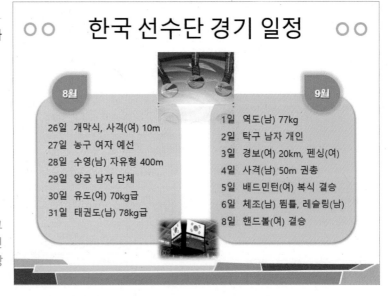

힌트

[그림 서식] 탭의 [그림 스타일] 그룹에서 [그림 효과] 단추를 클릭하고, [반사]-[반사 변형]-[근접 반사: 4pt 오프셋]/[부드러운 가장자리]-[10 포인트]를 각각 선택합니다.

3

두 개의 그림을 도형 뒤쪽으로 배치해 보세요.

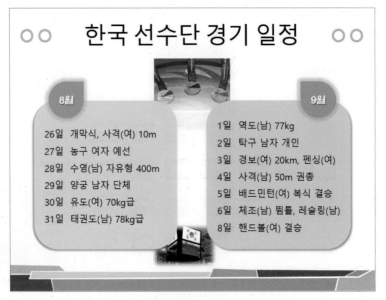

힌트

[그림 서식] 탭의 [정렬] 그룹에서 [뒤로 보내기] 단추를 클릭하고, [맨 뒤로 보내기]를 선택합니다.

1) '제목만' 레이아웃에 '매듭' 테마를 적용한 후, 도형 슬라이드를 작성하고 원하는 온라인 그림을 삽입해 보세요.

힌트
[삽입] 탭의 [이미지] 그룹에서 [그림]-[온라인 그림]을 선택한 후, Bing 검색란에 "자동차"와 "건물"을 입력하여 검색합니다.

2) 온라인 그림에 그림자 효과와 부드러운 가장자리 효과를 적용해 보세요.

힌트
[그림 서식] 탭의 [그림 스타일] 그룹에서 [그림 효과] 단추를 클릭하고, [그림자]-[원근감]-[원근감: 왼쪽 아래]/[부드러운 가장자리]-[5 포인트]를 각각 선택합니다.

3) 아래쪽 온라인 그림을 자유롭게 회전시켜 보세요.

힌트
건물 그림을 선택한 후, 회전 핸들을 이용하여 자유롭게 회전시킵니다.

10 그림 파일 삽입과 편집하기

Section

그림은 온라인 그림과 같이 프레젠테이션에 많이 사용되는 멀티미디어 요소로, 슬라이드에 그림 파일을 삽입할 경우 청중들에게 생동감과 현실감을 강조할 수 있습니다. 여기에서는 원하는 그림 파일을 삽입하고, 다양하게 편집하는 방법에 대하여 학습해 봅니다.

Preview

Internet Addiction Tendency

인터넷 중독
보호자와 자녀간 상호작용

▲ 인터넷.pptx

핵심 내용

– 제공된 그림(이미지) 파일을 불러와서 슬라이드에 삽입하는 방법에 대해 알아봅니다.
– 슬라이드에 삽입한 그림(이미지)을 다양하게 편집하고, 응용하는 방법에 대해 알아봅니다.

01 제목 슬라이드에 '메모' 테마를 적용하고, [디자인] 탭의 [사용자 지정] 그룹에서 슬라이드 크기를 최대화 합니다.

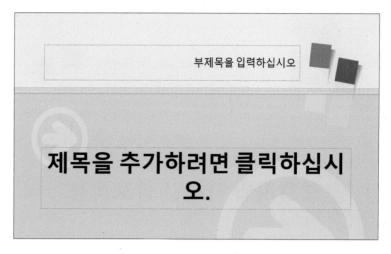

02 제목과 부제목에 주어진 내용을 입력한 후, [삽입] 탭의 [이미지] 그룹에서 그림( ) 단추를 클릭하고, [이 디바이스]를 선택합니다.

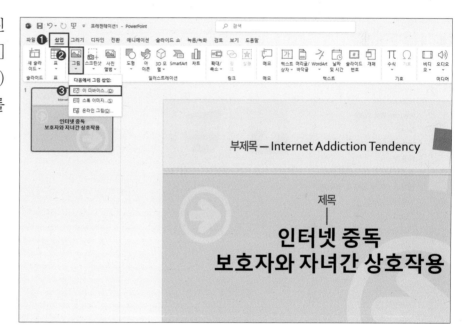

03 [그림 삽입] 대화 상자에서 찾는 위치 (C:₩파포2021-소스₩Section 10)와 파일 이름(랜선.jpg)을 선택하고, [삽입] 단추를 클릭합니다.

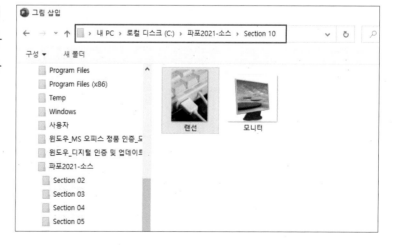

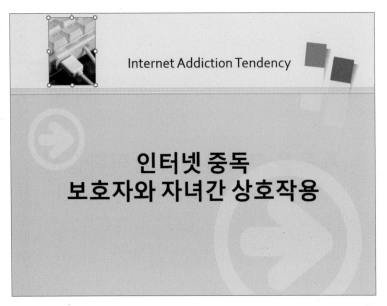

04 슬라이드에 그림 파일이 삽입되면 크기 조절 핸들을 이용하여 크기를 적당히 조절하고, 해당 위치로 드래그하여 이동합니다.

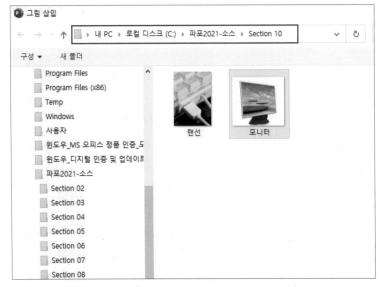

05 동일한 방법으로 [그림 삽입] 대화 상자에서 찾는 위치(C:₩파포2021-소스₩Section 10)와 파일 이름(모니터.jpg)을 선택하고, [삽입] 단추를 클릭합니다.

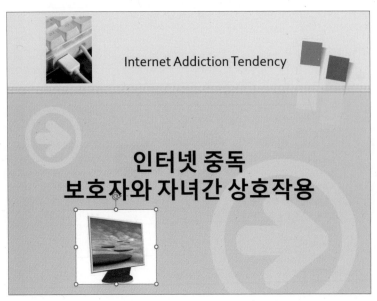

06 슬라이드에 그림 파일이 삽입되면 크기 조절 핸들을 이용하여 크기를 적당히 조절하고, 해당 위치로 드래그하여 이동합니다.

01 랜선 그림을 선택한 후, [그림 서식] 탭의 [그림 스타일] 그룹에서 그림 효과 (그림 효과) 단추를 클릭하고 [네온]–[네온 변형]–[네온: 8pt, 황록색, 강조색 3]을 선택합니다.

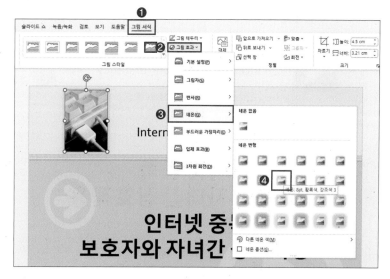

02 계속해서 그림 효과(그림 효과) 단추를 클릭하고, [부드러운 가장자리]–[부드러운 가장자리 변형]–[5 포인트]를 선택합니다.

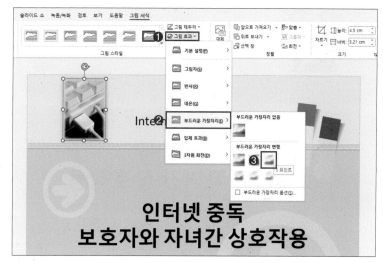

03 이번에는 모니터 그림을 선택하고, [그림 서식] 탭의 [조정] 그룹에서 배경 제거(배경 제거) 단추를 클릭합니다.

Plus **T**ip

배경 제거 :
그림 중 원하지 않는 부분을 자동으로 제거하는 기능으로, 필요한 경우 기호를 사용하여 그림에서 유지하거나 제거할 영역을 표시합니다.

04 모니터에서 유지할 부분을 표시하기 위해 [배경 제거] 탭의 [미세 조정] 그룹에서 보관할 영역 표시( ) 단추를 클릭하고, 마우스 포인터가 변경되면 하단 부분을 드래그하여 표시합니다.

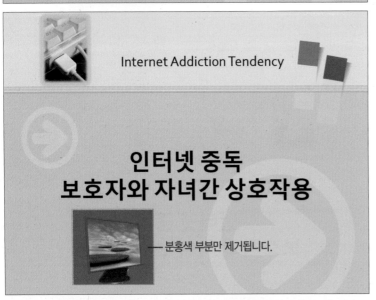

05 [배경 제거] 탭의 [닫기] 그룹에서 변경 내용 유지( ) 단추를 클릭합니다.

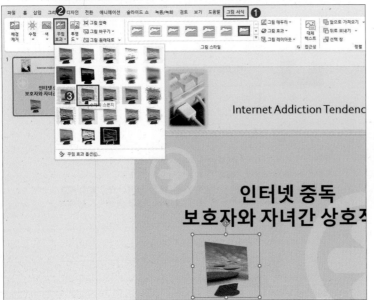

06 계속해서 [그림 서식] 탭의 [조정] 그룹에서 꾸밈 효과( ) 단추를 클릭하고, '수채화 스폰지'를 선택합니다.

Plus Tip

[조정] 그룹 :
- 그림 압축 : 문서에서 그림을 축소하여 크기를 줄입니다.
- 그림 바꾸기 : 그림 개체의 크기와 위치는 유지하면서 선택한 그림을 제거하거나 바꿉니다.
- 그림 원래대로 : 그림에 대해 변경한 서식을 모두 취소하고, 원래대로 복구합니다.

07 이번에는 [그림 서식] 탭의 [그림 스타일] 그룹에서 그림 효과(🖉 그림 효과˅) 단추를 클릭하고, [그림자]-[바깥쪽]-[오프셋: 왼쪽 아래]를 선택합니다.

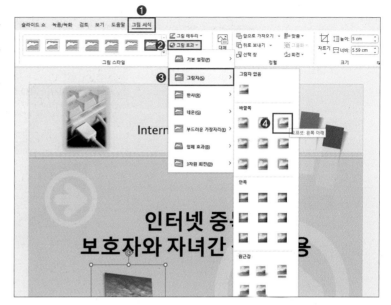

08 계속해서 [그림 스타일] 그룹에서 그림 효과(🖉 그림 효과˅) 단추를 클릭하고, [입체 효과]-[입체 효과]-[각지게]를 선택합니다.

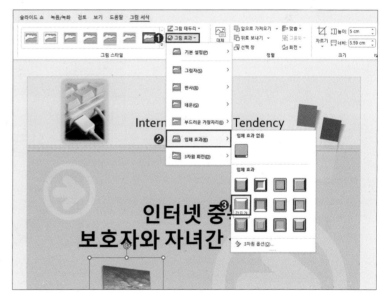

09 마지막으로 회전 핸들을 이용하여 두 개의 그림을 조금씩 회전시킵니다.

1

제목 슬라이드에 '심플' 테마를 적용한 후, 주어진 내용을 입력하고 제공된 그림 파일(꽃.jpg)을 삽입해 보세요.

힌트

[삽입] 탭의 [이미지] 그룹에서 [그림]-[이 디바이스]를 선택한 후, [그림 삽입] 대화 상자에서 찾는 위치와 파일 이름을 지정하고 [삽입] 단추를 클릭합니다.

Florist Class Open

플로리스트 강좌 안내
(성북주민센터 문의)

2

삽입한 그림에 부드러운 가장자리 효과를 적용해 보세요.

힌트

[그림 서식] 탭의 [그림 스타일] 그룹에서 [그림 효과] 단추를 클릭하고, [부드러운 가장자리]-[5 포인트]를 선택합니다.

Florist Class Open

플로리스트 강좌 안내
(성북주민센터 문의)

3

삽입한 그림에 반사 효과를 적용해 보세요.

힌트

[그림 서식] 탭의 [그림 스타일] 그룹에서 [그림 효과] 단추를 클릭하고, [반사]-[반사 변형]-[근접 반사: 터치]를 선택합니다.

Florist Class Open

플로리스트 강좌 안내
(성북주민센터 문의)

1) 제목 슬라이드에 '어린이' 테마를 적용한 후, 주어진 내용을 입력하고 제공된 그림 파일(후라이팬.jpg, 음식.jpg)을 삽입해 보세요.

힌트

[삽입] 탭의 [이미지] 그룹에서 [그림]-[이 디바이스]를 선택한 후, [그림 삽입] 대화 상자에서 두 개의 파일을 각각 불러옵니다.

2) 후라이팬 그림에서 배경(흰색) 부분을 제거해 보세요.

힌트

[그림 서식] 탭의 [조정] 그룹에서 [배경 제거] 단추를 클릭한 후, 보관할 영역을 표시하고 [변경 내용 유지] 단추를 클릭합니다.

3) 후라이팬 그림은 그림자 효과, 음식 그림은 부드러운 가장자리와 꾸밈 효과를 적용해 보세요.

힌트

• [그림 효과] 단추를 클릭하고, [그림자]-[바깥쪽]-[오프셋: 아래쪽]을 선택합니다.
• [조정] 그룹에서 [꾸밈 효과] 단추를 클릭하고, [필름 입자]를 선택합니다.

11 SmartArt 그래픽 삽입과 편집하기

SmartArt 그래픽은 미리 정의된 다양한 갤러리에서 레이아웃, 서식 등을 빠르게 선택할 수 있는 기능으로, 슬라이드에 SmartArt 그래픽을 삽입한 후, 다양한 방법으로 도형을 추가하고 편집하는 방법에 대하여 학습해 봅니다.

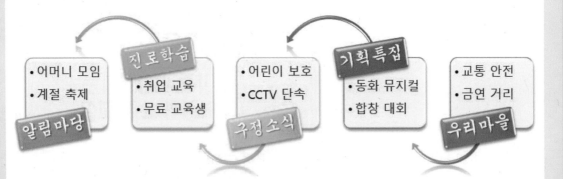

▲ 행복소리.pptx

▦ 핵심 내용

– 슬라이드에 SmartArt 그래픽을 삽입한 후, 텍스트 상자를 추가하는 방법에 대해 알아봅니다.
– 삽입한 SmartArt 그래픽을 다양하게 편집하고, 텍스트 상자의 방향을 조절하는 방법에 대해 알아봅니다.

01 슬라이드 레이아웃을 '빈 화면'으로 변경한 후, '심플' 테마를 적용하고 [디자인] 탭의 [사용자 지정] 그룹에서 슬라이드 크기를 최대화 합니다.

02 [삽입] 탭의 [텍스트] 그룹에서 WordArt(WordArt) 단추를 클릭하고, 주어진 WordArt를 선택합니다.

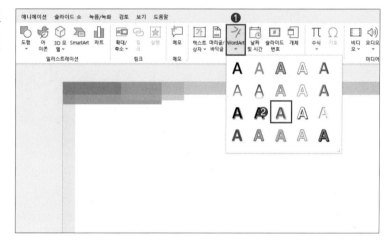

03 WordArt가 나타나면 주어진 내용을 입력하고 슬라이드 상단으로 이동한 후, [홈] 탭의 [글꼴] 그룹에서 글꼴을 'HY견명조'로 변경합니다.

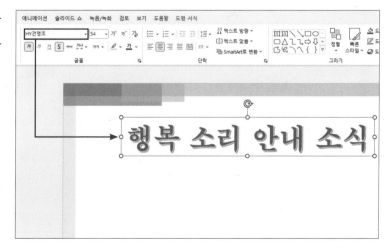

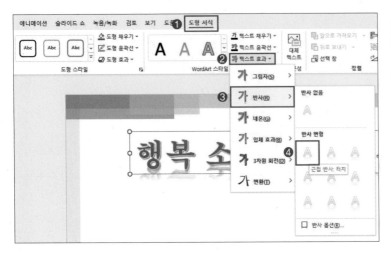

04 [도형 서식] 탭의 [WordArt 스타일] 그룹에서 텍스트 효과(가 텍스트 효과 ▾) 단추를 클릭하고, [반사]–[반사 변형]–[근접 반사: 터치]를 선택합니다.

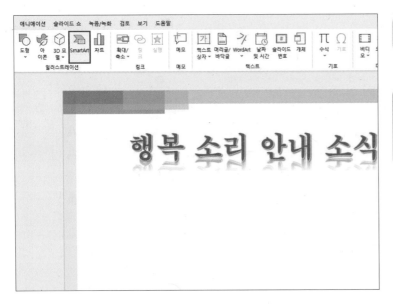

05 [삽입] 탭의 [일러스트레이션] 그룹에서 SmartArt(SmartArt) 단추를 클릭합니다.

Plus Tip

SmartArt 그래픽 :
SmartArt 그래픽은 서식 설정에 많은 시간과 노력을 기울이지 않고, 효율적인 프레젠테이션을 제작할 수 있는 기능으로 정보를 시각적으로 표현합니다.

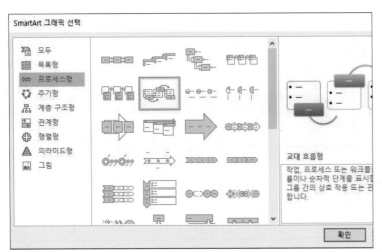

06 [SmartArt 그래픽 선택] 대화 상자에서 '프로세스형'에 있는 '교대 흐름형'을 선택하고, [확인] 단추를 클릭합니다.

07 교대 흐름형이 삽입되면 [SmartArt 디자인] 탭의 [그래픽 만들기] 그룹에서 도형 추가(도형 추가) 단추를 클릭하고, [앞에 도형 추가]를 선택합니다.

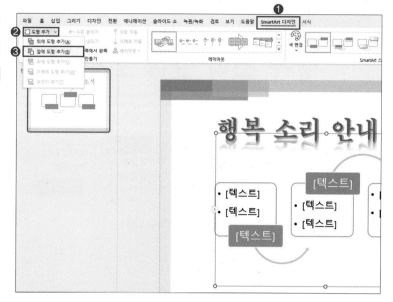

08 도형이 추가되면 다시 한 번 도형 추가(도형 추가) 단추를 클릭하고, [뒤에 도형 추가]를 선택합니다.

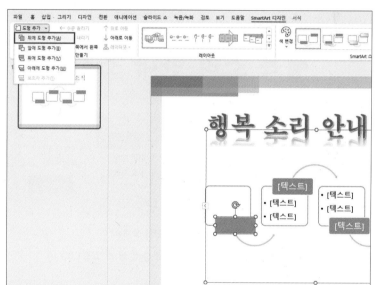

09 도형이 추가되면 교대 흐름형이 선택된 상태에서 크기 조절 핸들을 이용하여 가로와 세로 크기를 적당히 조절합니다.

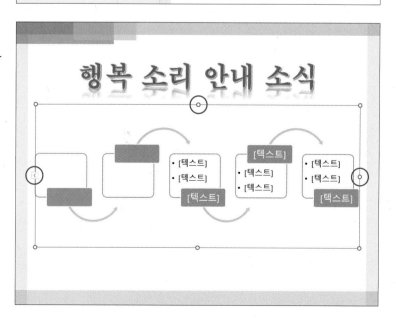

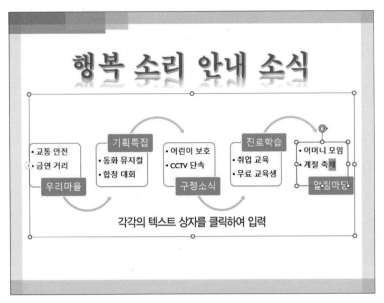

10 교대 흐름형의 텍스트 상자에 주어진 내용을 각각 입력합니다.

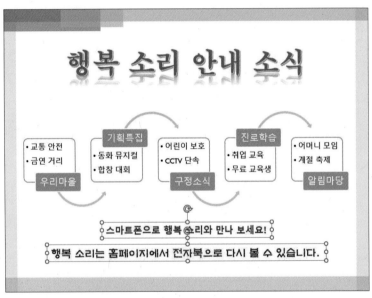

11 [삽입] 탭의 [텍스트] 그룹에서 [텍스트 상자]−[가로 텍스트 상자 그리기]를 이용하여 슬라이드 하단에 주어진 내용을 입력하고, 임의의 글꼴 서식을 지정합니다.

Power Upgrade

텍스트 창

- 텍스트 창은 단계별로 나누어진 상태에서 SmartArt 그래픽의 텍스트를 빠르게 입력하고, 구성을 간편하게 할 수 있습니다.
- [SmartArt 디자인] 탭의 [그래픽 만들기] 그룹에서 텍스트 창(📑 텍스트 창) 단추를 클릭하면 텍스트 창이 나타나며, 여기에서 텍스트 내용을 입력해도 됩니다.
- 해당 SmartArt 그래픽을 선택한 후, 크기 조절 핸들 왼쪽에서 ◀ 부분을 클릭해도 텍스트 창이 나타납니다.

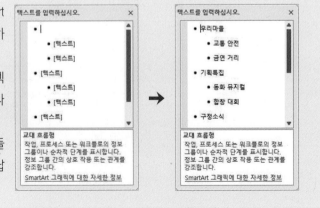

01 [SmartArt 디자인] 탭의 [SmartArt 스타일] 그룹에서 색 변경( ) 단추를 클릭하고, '색상형 범위 – 강조색 5 또는 6'을 선택합니다.

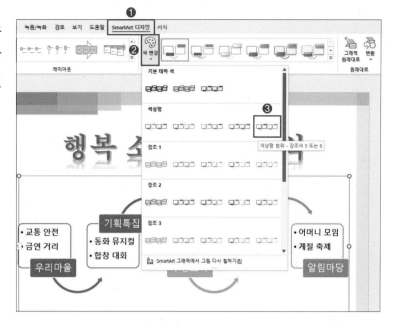

02 계속해서 [SmartArt 스타일] 그룹에서 빠른 스타일( ) 단추를 클릭하고, 3차원에 있는 '광택 처리'를 선택합니다.

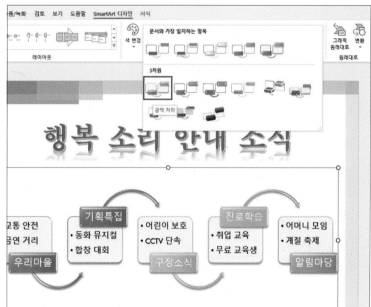

03 이번에는 [SmartArt 디자인] 탭의 [그래픽 만들기] 그룹에서 오른쪽에서 왼쪽(↩ 오른쪽에서 왼쪽) 단추를 클릭합니다.

Plus Tip

그래픽 원래대로 :
[SmartArt 디자인] 탭의 [원래대로] 그룹에서 그래픽 원래대로( ) 단추를 클릭하면 SmartArt 그래픽에 적용한 서식을 모두 취소하고, 원래대로 복구합니다.

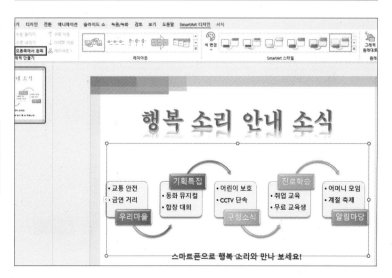

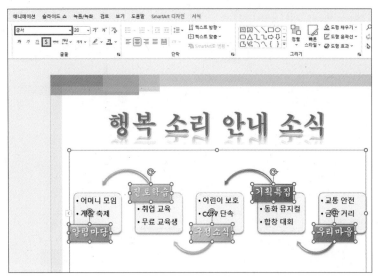

04 Ctrl 키를 누른 상태에서 앞쪽 텍스트 상자를 모두 선택한 후, [홈] 탭의 [글꼴] 그룹에서 글꼴은 '궁서', 글꼴 스타일은 '텍스트 그림자'를 각각 지정합니다.

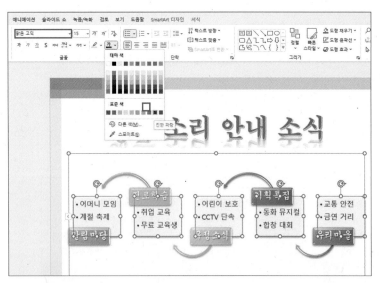

05 마찬가지로 Ctrl 키를 누른 상태에서 뒤쪽 텍스트 상자를 모두 선택한 후, [홈] 탭의 [글꼴] 그룹에서 글꼴은 '맑은 고딕', 글꼴 색은 '진한 파랑'을 각각 지정합니다.

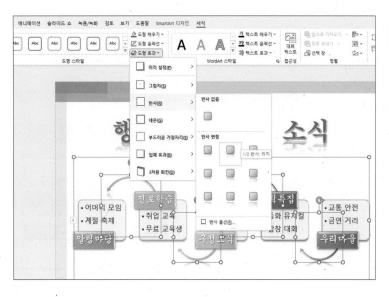

06 이번에는 Ctrl 키를 누른 상태에서 둥근 화살표를 모두 선택한 후, [서식] 탭의 [도형 스타일] 그룹에서 도형 효과 (◢ 도형 효과 ▾) 단추를 클릭하고, [반사]-[반사 변형]-[1/2 반사: 터치]를 선택합니다.

07 위쪽 두 개의 텍스트 상자를 선택하고, 회전 핸들을 이용하여 동시에 왼쪽으로 조금 회전시킵니다.

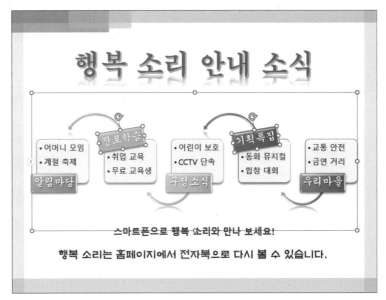

08 마지막으로 아래쪽 세 개의 텍스트 상자를 선택하고, 회전 핸들을 이용하여 동시에 왼쪽으로 조금 회전시킵니다.

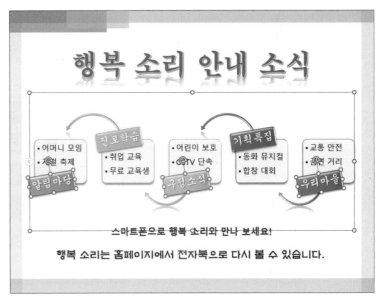

Power Upgrade

도형 추가

SmartArt 그래픽에 도형을 추가하는 기능으로, 상자를 추가할 위치에서 가장 가까이 있는 상자를 선택합니다.

- **뒤에 도형 추가** : 선택한 상자 다음에 같은 수준의 상자를 삽입합니다.
- **앞에 도형 추가** : 선택한 상자 앞에 같은 수준의 상자를 삽입합니다.
- **위에 도형 추가** : 선택한 상자보다 한 수준 위에 상자를 삽입합니다.
- **아래에 도형 추가** : 선택한 상자보다 한 수준 아래에 상자를 삽입합니다.
- **보조자 추가** : 선택한 상자에 보조자 상자를 추가합니다(조직도 레이아웃에만 사용할 수 있으며, 계층 구조형 등의 계층 구조형 레이아웃에는 사용할 수 없습니다).

기초문제

1

'제목만' 레이아웃에 '패싯' 테마를 적용한 후, 해당 SmartArt을 삽입하고 텍스트를 입력해 보세요.

힌트
- [SmartArt 그래픽 선택] 대화 상자에서 '목록형'에 있는 '세로 곡선 목록형'을 삽입합니다.
- [SmartArt 디자인] 탭의 [그래픽 만들기] 그룹에서 [도형 추가] 단추로 도형을 추가합니다.

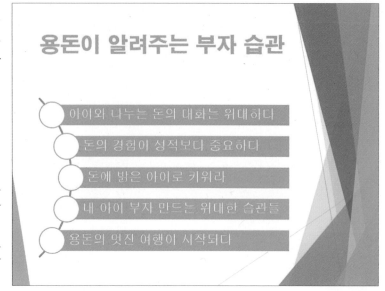

2

SmartArt 그래픽에 원하는 색 변경과 스타일을 각각 적용해 보세요.

힌트
[SmartArt 디자인] 탭의 [SmartArt 스타일] 그룹에서 색 변경은 '색상형 – 강조색', 스타일은 '3차원 – 경사'를 각각 선택합니다.

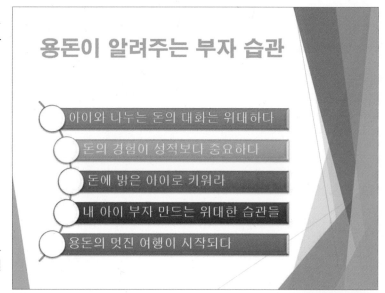

3

SmartArt 그래픽 텍스트 상자의 글꼴 서식을 임의로 변경해 보세요.

힌트
텍스트 상자를 모두 선택한 후, [홈] 탭의 [글꼴] 그룹에서 글꼴은 '맑은 고딕', 글꼴 스타일은 '텍스트 그림자'를 각각 설정합니다.

1) '제목만' 레이아웃에 '메디슨' 테마를 적용한 후, 해당 SmartArt을 삽입하고 텍스트를 입력해 보세요.

힌트
- [SmartArt 그래픽 선택] 대화 상자에서 '관계형'에 있는 '수렴 방사형'을 삽입합니다.
- [SmartArt 디자인] 탭의 [그래픽 만들기] 그룹에서 [도형 추가] 단추로 도형을 추가합니다.

2) SmartArt 그래픽에 원하는 색 변경과 스타일을 각각 적용해 보세요.

힌트
[SmartArt 디자인] 탭의 [SmartArt 스타일] 그룹에서 색 변경은 '색상형 범위 – 강조색 3 또는 4', 스타일은 '3차원 – 만화'를 각각 선택합니다.

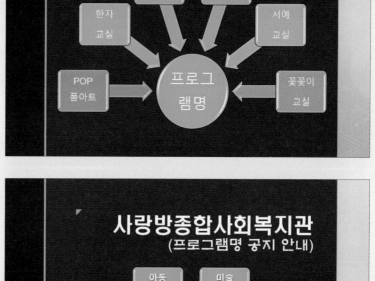

3) 해당 텍스트 상자를 각각 회전시키고, 임의의 글꼴 서식을 변경해 보세요.

힌트
두 개의 텍스트 상자를 각각 선택하여 회전 핸들로 회전시킨 후, [홈] 탭의 [글꼴] 그룹에서 임의의 글꼴 서식을 변경합니다.

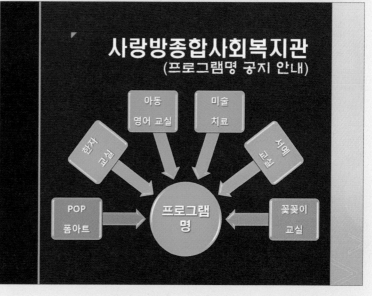

12 조직도형 삽입과 편집하기

조직도형은 여러 개의 도형과 연결선으로 구성되기 때문에 다양한 단체의 구조적 표현이나 업무에 따른 관계 체제를 나타낼 때 많이 사용합니다. 여기에서는 조직도형을 삽입하고, 다양하게 편집하는 방법에 대하여 학습해 봅니다.

Preview

▲ 조직도.pptx

핵심 내용

– 슬라이드에 기본 조직도형을 삽입한 후, 하위 수준의 텍스트 상자를 추가하는 방법에 대해 알아봅니다.
– 삽입한 조직도형을 다양하게 편집하고, 텍스트 상자의 글꼴과 3차원 회전 방향을 조절하는 방법에 대해 알아봅니다.

01 슬라이드 레이아웃을 '빈 화면'으로 변경한 후, '전체' 테마를 적용하고 [디자인] 탭의 [사용자 지정] 그룹에서 슬라이드 크기를 최대화 합니다.

02 WordArt를 이용하여 다음과 같이 제목을 입력한 후, [삽입] 탭의 [일러스트레이션] 그룹에서 SmartArt( ) 단추를 클릭합니다.

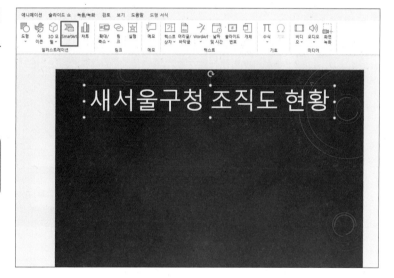

Plus**T**ip

WordArt 제목 :
[삽입] 탭의 [텍스트] 그룹에서 [WordArt] 단추를 클릭하고, '채우기: 흰색, 텍스트 1, 그림자'를 선택합니다.

03 [SmartArt 그래픽 선택] 대화 상자에서 '계층 구조형'에 있는 '계층 구조형'을 선택하고, [확인] 단추를 클릭합니다.

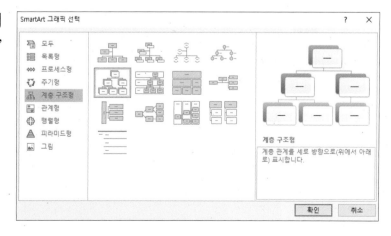

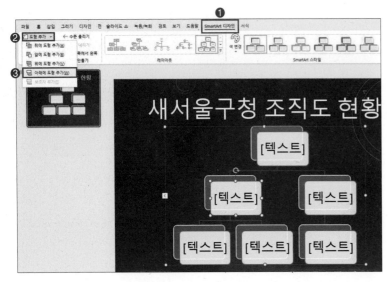

04 계층 구조형이 삽입되면 왼쪽 텍스트 상자를 선택한 후, [SmartArt 디자인] 탭의 [그래픽 만들기] 그룹에서 도형 추가(도형 추가 ▼) 단추를 클릭하고, [아래에 도형 추가]를 선택합니다.

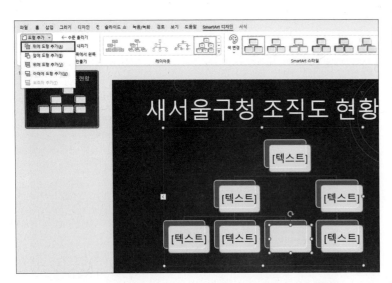

05 추가된 도형이 선택된 상태에서, 다시 한 번 도형 추가(도형 추가 ▼) 단추를 클릭하고 [뒤에 도형 추가]를 선택합니다.

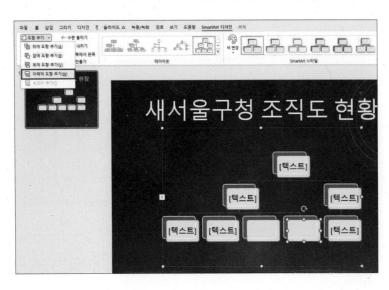

06 계속해서 오른쪽에 도형이 선택된 상태에서 도형 추가(도형 추가 ▼) 단추를 클릭하고 [아래에 도형 추가]를 선택합니다.

07 추가된 도형이 선택된 상태에서 도형 추가(⬜도형 추가 ▾) 단추를 클릭하고 [앞에 도형 추가]를 선택합니다.

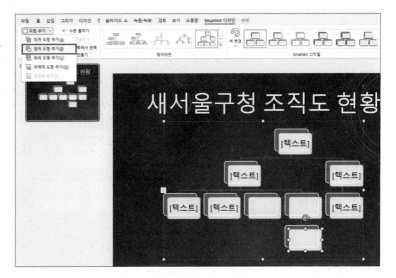

08 마지막으로 오른쪽 텍스트 상자를 선택한 후, 도형 추가(⬜도형 추가 ▾) 단추를 클릭하고 [아래에 도형 추가]를 선택합니다.

Plus Tip

위로/아래로 이동
- 위로 이동(↑ 위로 이동) : 현재 선택한 항목을 앞으로 이동합니다.
- 아래로 이동(↓ 아래로 이동) : 현재 선택한 항목을 뒤로 이동합니다.

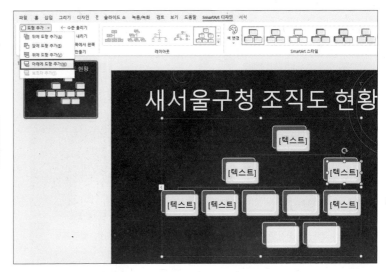

09 모든 도형 추가가 완료되면 계층 구조형 테두리에서 마우스를 드래그하여 크기와 위치를 적당히 조절합니다.

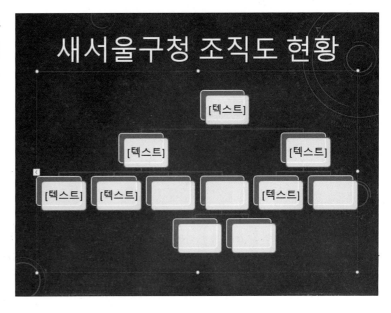

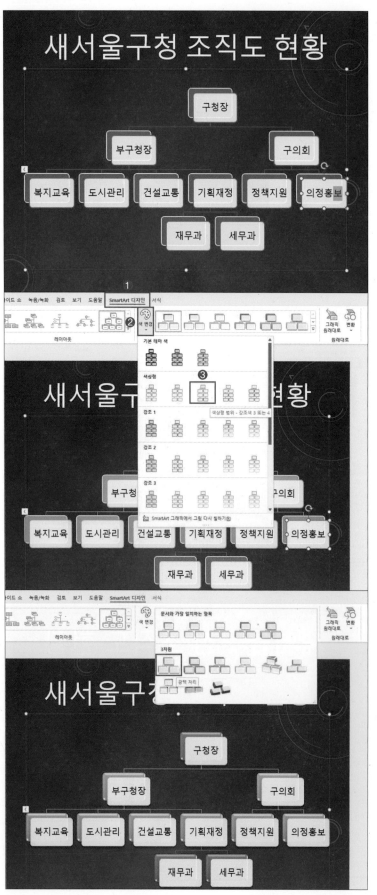

01 계층 구조형의 텍스트 상자에 다음과 같이 해당 내용을 각각 입력합니다.

02 [SmartArt 디자인] 탭의 [SmartArt 스타일] 그룹에서 색 변경(색 변경) 단추를 클릭하고, '색상형 범위 – 강조색 3 또는 4'를 선택합니다.

PLUS TIP

[레이아웃] 그룹 :
SmartArt 그래픽에 적용된 레이아웃을 변경할 수 있는데 이는 SmartArt 그래픽의 종류에 따라 다르게 나타납니다.

03 계속해서 [SmartArt 스타일] 그룹에서 빠른 스타일(▾) 단추를 클릭하고, 3 차원에 있는 '광택 처리'를 선택합니다.

04 Ctrl 키를 누른 상태에서 계층 구조형의 텍스트 상자를 모두 선택한 후, [홈] 탭의 [글꼴] 그룹에서 글꼴은 '휴먼옛체', 글꼴 색은 '진한 파랑'을 각각 지정합니다.

PlusTip

텍스트 상자 선택 :
모든 텍스트 상자를 선택할 때 Shift 키를 누른 상태에서 선택해도 됩니다.

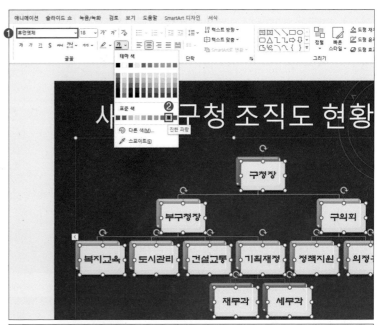

05 계속해서 [서식] 탭의 [도형 스타일] 그룹에서 도형 윤곽선(도형 윤곽선) 단추를 클릭하고, '노랑'을 선택합니다.

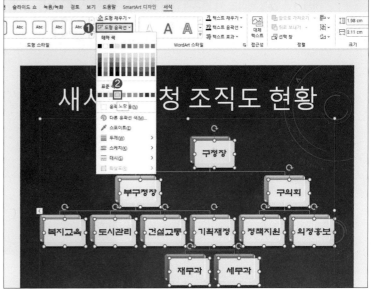

06 마지막으로 [도형 스타일] 그룹에서 도형 효과(도형 효과) 단추를 클릭하고, [3차원 회전]-[평행]-[축 분리 2: 왼쪽으로]를 선택합니다.

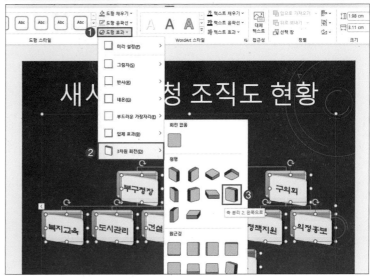

1

'제목만' 레이아웃에 '이온' 테마를 적용한 후, 해당 계층 구조형을 삽입하고 텍스트를 입력해 보세요.

힌트

- [SmartArt 그래픽 선택] 대화 상자에서 '계층 구조형'에 있는 '반원 조직도형'을 삽입합니다.
- [SmartArt 디자인] 탭의 [그래픽 만들기] 그룹에서 [도형 추가] 단추로 도형을 추가합니다.

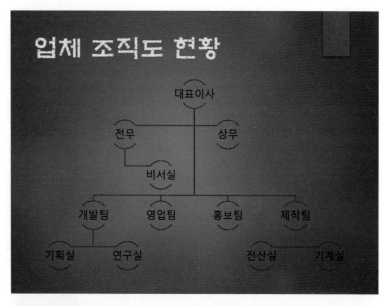

2

계층 구조형에 원하는 색 변경과 스타일을 각각 적용해 보세요.

힌트

[SmartArt 디자인] 탭의 [SmartArt 스타일] 그룹에서 색 변경은 '색상형 범위 – 강조색 2 또는 3', 스타일은 '3차원 – 만화'를 각각 선택합니다.

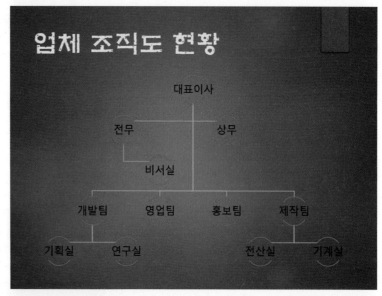

3

각 텍스트 상자의 글꼴 서식을 임의로 변경해 보세요.

힌트

텍스트 상자를 모두 선택한 후, [홈] 탭의 [글꼴] 그룹에서 글꼴 스타일은 '굵게', 글꼴 색은 '흰색, 텍스트 1'을 각각 설정합니다.

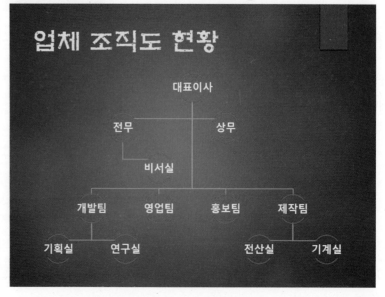

1) '제목만' 레이아웃에 '줄무늬' 테마를 적용한 후, 해당 계층 구조형을 삽입하고 텍스트를 입력해 보세요.

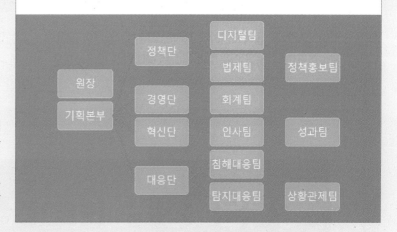

힌트
- [SmartArt 그래픽 선택] 대화 상자에서 '계층 구조형'에 있는 '가로 계층 구조형'을 삽입합니다.
- [SmartArt 디자인] 탭의 [그래픽 만들기] 그룹에서 [도형 추가] 단추로 도형을 추가합니다.

2) 계층 구조형에 원하는 색 변경과 스타일을 각각 적용해 보세요.

힌트
[SmartArt 디자인] 탭의 [SmartArt 스타일] 그룹에서 색 변경은 '색상형 범위 – 강조색 4 또는 5', 스타일은 '3차원 – 경사'를 각각 선택합니다.

3) 텍스트 상자에 임의의 글꼴 서식을 지정하고, 3차원 회전 효과를 적용해 보세요.

힌트
[서식] 탭의 [도형 스타일] 그룹에서 [도형 효과] 단추를 클릭하고, [3차원 회전]-[원근감]-[원근감: 오른쪽]을 선택합니다.

13 표 삽입과 편집하기

표는 슬라이드 내용을 일목요연하게 정리하고자 할 때 많이 사용하는 기능입니다. 여기에서는 표를 슬라이드에 삽입하고, 다양한 서식과 편집 기능을 이용하여 원하는 형태의 표를 작성하는 방법에 대하여 학습해 봅니다.

Preview

강북문화정보센터 교육 강좌

대상	교육 강좌	정원	요일	교육 시간	수강료	장소	비고
학생	클레이아트	13명	월수금	1시간 30분	35,000원	A강의실	
	웅변	10명		1시간		세미나실	
	영어회화 (듣기+말하기)	15명		2시간		학습관	
성인	통기타	8명	토일	1시 30분	50,000원	다목적실	
	드럼	5명		1시간		강당	
	네일아트 (자격증)	20명		2시간		B강의실	
노인	스마트기기 (초급/중급)	각 15명	화목	1시간 30분	무료	교육관	
	노래교실			1시간			

 ▲ 교육강좌.pptx

핵심 내용

- 슬라이드에 표를 삽입하고, 행 높이와 열 너비를 조절하는 방법에 대해 알아봅니다.
- 표에서 행/열 삽입, 셀 분할/병합, 텍스트 맞춤 등을 지정하는 방법에 대해 알아봅니다.
- 표를 디자인하기 위하여 다양한 표 스타일과 옵션 등을 활용하는 방법에 대해 알아봅니다.

01 슬라이드 레이아웃을 '제목 및 내용'으로 변경한 후, '이온(회의실)' 테마를 적용하고 [디자인] 탭의 [사용자 지정] 그룹에서 슬라이드 크기를 최대화 합니다.

02 제목 텍스트 상자에 주어진 내용을 입력한 후, [홈] 탭의 [글꼴] 그룹에서 글꼴은 'HY헤드라인M', 글꼴 크기는 '36', 글꼴 스타일은 '텍스트 그림자'를 각각 지정합니다.

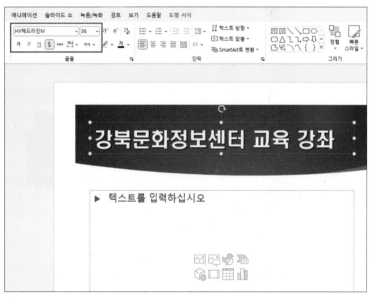

03 표를 작성하기 위하여 내용 텍스트 상자에서 표 삽입(▦) 아이콘을 클릭합니다.

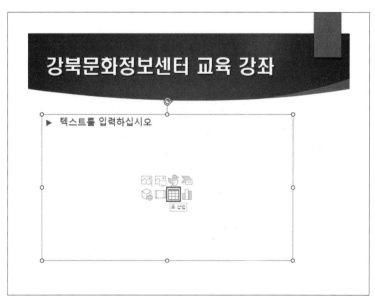

표 삽입

열 개수(C): 7
행 개수(R): 8

확인   취소

04 [표 삽입] 대화 상자가 나타나면 열 개 수에는 "7", 행 개수에는 "8"을 입력하고, [확인] 단추를 클릭합니다.

표 작성하는 또다른 방법

Power Upgrade

[삽입] 탭의 [표] 그룹에서 표( ) 단추를 클릭하고, 마우스를 드래그하여 표의 열(7)과 행 (8) 수를 지정해도 됩니다.

7x8 표

☰ 표 삽입(I)...
✎ 표 그리기(D)
☰ Excel 스프레드시트(X)

05 첫 번째 열의 폭을 줄여보겠습니다. 첫 번째 열의 경계선에서 마우스 포인터가 ◀▮▶ 모양으로 변경되면 마우스를 왼쪽으로 적당히 드래그합니다.

PlusTip

표의 구성 :
표를 구성하는 각각의 사각형을 '셀'이라고 하고, 표는 가로(행)와 세로(열)로 구성됩니다.

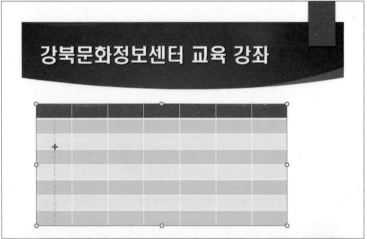

강북문화정보센터 교육 강좌

06 동일한 방법으로 각 열의 너비를 적당히 조절하고, 표의 가로 크기를 다음과 같이 조정합니다.

PlusTip

표의 열 너비 :
표의 열 너비는 표 내용을 입력하면서 조정할 수 있으므로 현재는 적당히 조절합니다.

강북문화정보센터 교육 강좌

드래그

01 표 중간에 행을 삽입하기 위하여 6행에 커서를 위치시킨 후, [레이아웃] 탭의 [행 및 열] 그룹에서 아래에 삽입(틀) 단추를 클릭합니다.

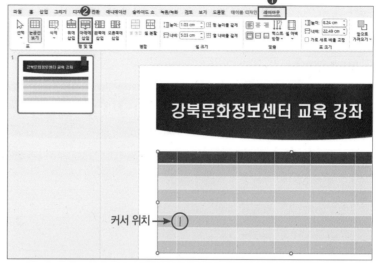

커서 위치 →

02 셀을 분할하기 위하여 해당 열을 마우스로 드래그하여 블록 지정한 후, [레이아웃] 탭의 [병합] 그룹에서 셀 분할(틀) 단추를 클릭합니다.

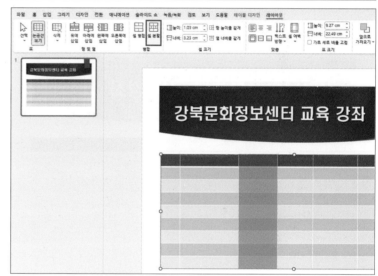

03 [셀 분할] 대화 상자에서 열 개수에는 "2", 행 개수에는 "1"을 입력하고, [확인] 단추를 클릭합니다.

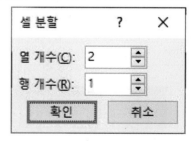

열 삽입

Power Upgrade

• 삽입하려는 열에 커서를 위치시킨 후, [레이아웃] 탭의 [행 및 열] 그룹에서 왼쪽에 삽입(틀) 단추를 클릭합니다.

• 그 결과 커서가 위치한 열의 바로 왼쪽에 새로운 열이 삽입된 것을 확인할 수 있습니다.

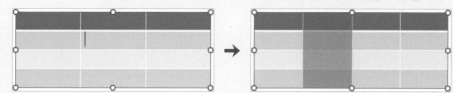

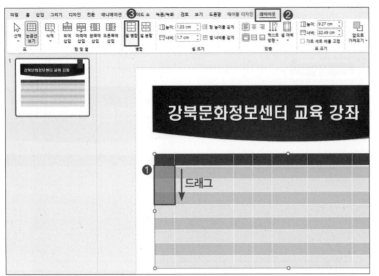

04 셀을 병합하기 위하여 2행1열부터 4행 1열까지 마우스를 드래그하여 블록 지정한 후, [레이아웃] 탭의 [병합] 그룹에서 셀 병합(⊞) 단추를 클릭합니다.

Plus**T**ip

셀 병합 및 셀 분할 :
셀 병합은 선택한 셀을 하나의 셀로 병합하고, 셀 분할은 선택한 셀을 여러 개의 셀로 나눕니다.

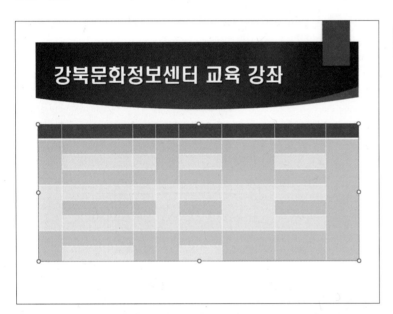

05 동일한 방법으로 표의 해당 열 부분을 다음과 같이 각각 병합합니다.

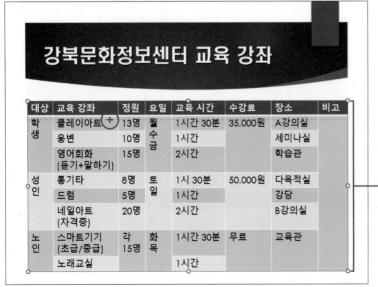

06 표에 주어진 내용을 각각 입력한 후, 제목 행의 경계선에서 마우스 포인터가 ⇕ 모양으로 변경되면 마우스를 아래쪽으로 조금 드래그하여 폭을 넓힙니다.

내용을 입력하면서 필요할 경우
열 너비를 조정합니다.

대상	교육 강좌	정원	요일	교육 시간	수강료	장소	비고
학생	클레이아트	13명	월수금	1시간 30분	35,000원	A강의실	
	웅변	10명		1시간		세미나실	
	영어회화 (듣기+말하기)	15명		2시간		학습관	
성인	통기타	8명	토일	1시 30분	50,000원	다목적실	
	드럼	5명		1시간		강당	
	네일아트 (자격증)	20명		2시간		B강의실	
노인	스마트기기 (초급/중급)	각 15명	화목	1시간 30분	무료	교육관	
	노래교실			1시간			

07 표 전체를 블록 지정하고, [레이아웃] 탭의 [맞춤] 그룹에서 세로 가운데 맞춤(⊟) 단추를 클릭합니다.

Plus**T**ip

텍스트 맞춤 :
- 위쪽 맞춤(▤) : 셀의 위쪽에 텍스트를 맞춥니다.
- 세로 가운데 맞춤(▤) : 셀의 세로 중간에 텍스트를 맞춥니다.
- 아래쪽 맞춤(▤) : 셀의 아래쪽에 텍스트를 맞춥니다.

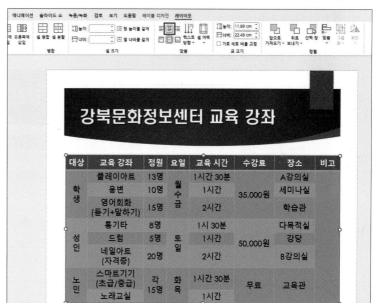

08 계속해서 [레이아웃] 탭의 [맞춤] 그룹에서 가운데 맞춤(≡) 단추를 클릭합니다.

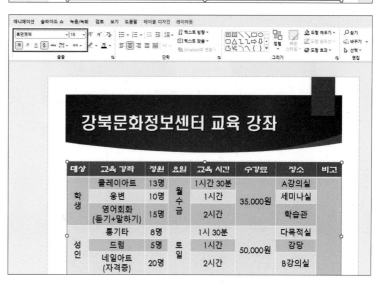

09 제목 행만을 블록 지정한 후, [홈] 탭의 [글꼴] 그룹에서 글꼴은 '휴먼옛체', 글꼴 스타일은 '굵게'와 '텍스트 그림자'를 각각 지정합니다.

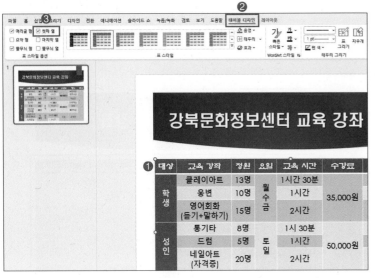

01 표를 선택한 후, [테이블 디자인] 탭의 [표 스타일 옵션] 그룹에서 '첫째 열'을 선택합니다.

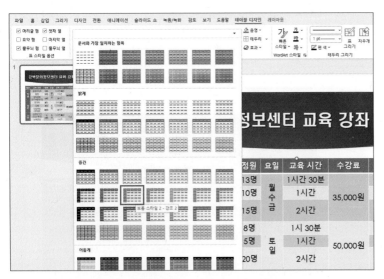

02 이번에는 [테이블 디자인] 탭의 [표 스타일] 그룹에서 표 스타일(▼) 단추를 클릭하고, 중간의 '보통 스타일 2 – 강조 2'를 선택합니다.

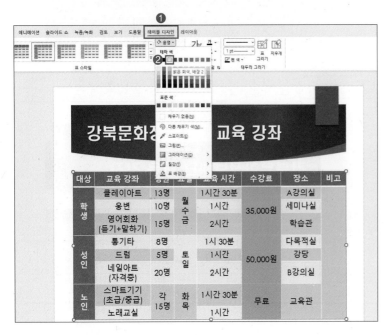

03 '수강료' 열을 블록 지정한 후, [테이블 디자인] 탭의 [표 스타일] 그룹에서 음영(음영▼) 단추를 클릭하고 '밝은 회색, 배경 2'를 선택합니다.

04 다시 한 번 음영(음영▾) 단추를 클릭하고, [그라데이션]-[변형]-[선형 아래쪽]을 선택합니다.

Plus Tip

테두리 :
[테이블 디자인] 탭의 [표 스타일] 그룹에서 테두리(田 테두리 ▾) 단추를 클릭하면 선택한 셀의 테두리를 다양하게 지정할 수 있습니다.

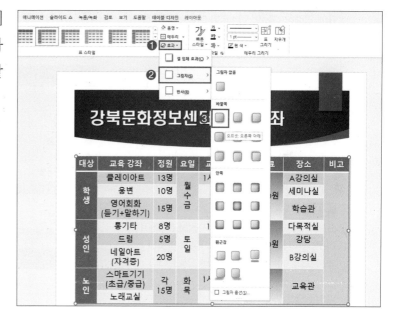

05 표 전체를 선택한 후, [테이블 디자인] 탭의 [표 스타일] 그룹에서 효과(효과▾) 단추를 클릭하고, [그림자]-[바깥쪽]-[오프셋: 오른쪽 아래]를 선택합니다.

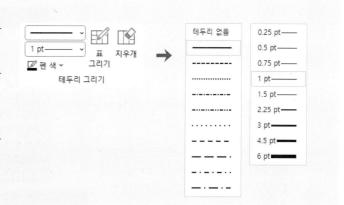

[테두리 그리기] 그룹

Power Upgrade

- **펜 스타일** : 테두리를 그릴 때 사용되는 선의 스타일을 변경합니다.
- **펜 두께** : 테두리를 그릴 때 사용되는 선의 두께를 변경합니다.
- **펜 색** : 펜의 색상을 변경합니다.
- **표 그리기** : 원하는 부분에 표 테두리나 대각선을 그립니다.
- **지우개** : 원하는 부분의 표 테두리를 지웁니다.

1

'제목 및 내용' 레이아웃에 '추억' 테마를 적용한 후, 주어진 표를 작성하고 행 높이와 열 너비를 조절해 보세요.

힌트

• 행과 열의 경계선에서 마우스를 드래그하여 행 높이와 열 너비를 각각 조절합니다.
• 해당 부분을 블록 지정하고, [레이아웃] 탭의 [병합] 그룹에서 [셀 병합] 단추를 클릭합니다.

교육문화 프로그램 안내

청소년 문화 강좌

통기타	토 13:30	음악실	각 10명	무료
바이올린	화 18:00			
EBS수리셈	금 16:00	방송실	20명	
리더십미술	수/금 16:00/17:00	미술실	15명	
토요 바둑	토 17:30	소강당	30명	
초등재미미술	토 12:00	세미나실	각 15명	
보컬트레이닝	금/토 17:00/15:00	강당		
재즈댄스	수 18:00	체육관	각 10명	
주니어발레	목 16:30			
준비물은 홈페이지 참조 및 전화문의				

2

표에 입력한 내용의 텍스트를 다음과 같이 정렬해 보세요.

힌트

표의 해당 부분을 각각 블록 지정하고, [레이아웃] 탭의 [맞춤] 그룹에서 [가운데 맞춤] 단추와 [세로 가운데 맞춤] 단추를 클릭합니다.

교육문화 프로그램 안내

청소년 문화 강좌

통기타	토 13:30	음악실	각 10명	무료
바이올린	화 18:00			
EBS수리셈	금 16:00	방송실	20명	
리더십미술	수/금 16:00/17:00	미술실	15명	
토요 바둑	토 17:30	소강당	30명	
초등재미미술	토 12:00	세미나실	각 15명	
보컬트레이닝	금/토 17:00/15:00	강당		
재즈댄스	수 18:00	체육관	각 10명	
주니어발레	목 16:30			
준비물은 홈페이지 참조 및 전화문의				

3

표 전체의 스타일과 옵션을 다음과 같이 적용해 보세요.

힌트

[테이블 디자인] 탭의 [표 스타일 옵션] 그룹에서 '요약 행'을 선택한 후, [표 스타일] 그룹에서 중간의 '보통 스타일 2 – 강조 4'를 선택합니다.

교육문화 프로그램 안내

청소년 문화 강좌

통기타	토 13:30	음악실	각 10명	무료
바이올린	화 18:00			
EBS수리셈	금 16:00	방송실	20명	
리더십미술	수/금 16:00/17:00	미술실	15명	
토요 바둑	토 17:30	소강당	30명	
초등재미미술	토 12:00	세미나실	각 15명	
보컬트레이닝	금/토 17:00/15:00	강당		
재즈댄스	수 18:00	체육관	각 10명	
주니어발레	목 16:30			
준비물은 홈페이지 참조 및 전화문의				

1) '제목 및 내용' 레이아웃에 '기본' 테마를 적용한 후, 주어진 표를 작성하고 다음과 같이 편집해 보세요.

힌트
- [레이아웃] 탭의 [병합] 그룹에서 [셀 병합]/[셀 분할] 단추를 클릭합니다.
- [레이아웃] 탭의 [맞춤] 그룹에서 [가운데 맞춤]/[세로 가운데 맞춤] 단추를 클릭합니다.

연령대별 근로자 수와 임금

고령층 연령	평균 임금		근로자 수(명)		일자리 퇴직 이유
	금액(원)	전체대비(%)	인원(명)	전체대비(%)	
70~79세	62만 1000	28.8	42만6000	2.3	건강 문제
60~69세	147만	65.9	124만8000	6.7	정년 퇴직
55~59세	228만	102.3	155만	8.8	권고 사직
전체(55~79)	174만900	78.4	322만4000	17.2	정리 해고
임금 근로자	225만	57.7 -	187만7000	22.1 -	명예 퇴직
비임금 근로자	321만	80.2 -	203만5000	34.5 -	조업 중단

자료 : 통계청(경제활동인구조사 근로 형태별 부가조사)

2) 표 전체의 스타일과 옵션을 다음과 같이 적용해 보세요.

연령대별 근로자 수와 임금

고령층 연령	평균 임금		근로자 수(명)		일자리 퇴직 이유
	금액(원)	전체대비(%)	인원(명)	전체대비(%)	
70~79세	62만 1000	28.8	42만6000	2.3	건강 문제
60~69세	147만	65.9	124만8000	6.7	정년 퇴직
55~59세	228만	102.3	155만	8.8	권고 사직
전체(55~79)	174만900	78.4	322만4000	17.2	정리 해고
임금 근로자	225만	57.7 -	187만7000	22.1 -	명예 퇴직
비임금 근로자	321만	80.2 -	203만5000	34.5 -	조업 중단

자료 : 통계청(경제활동인구조사 근로 형태별 부가조사)

힌트
[테이블 디자인] 탭의 [표 스타일 옵션] 그룹에서 '첫째 열'을 선택한 후, [표 스타일] 그룹에서 중간의 '보통 스타일 2 – 강조 2'를 선택합니다.

3) 표에서 '일자리 퇴직 이유' 열에 음영을 지정하고, 표 전체에 그림자 효과를 적용해 보세요.

연령대별 근로자 수와 임금

고령층 연령	평균 임금		근로자 수(명)		일자리 퇴직 이유
	금액(원)	전체대비(%)	인원(명)	전체대비(%)	
70~79세	62만 1000	28.8	42만6000	2.3	건강 문제
60~69세	147만	65.9	124만8000	6.7	정년 퇴직
55~59세	228만	102.3	155만	8.8	권고 사직
전체(55~79)	174만900	78.4	322만4000	17.2	정리 해고
임금 근로자	225만	57.7 -	187만7000	22.1 -	명예 퇴직
비임금 근로자	321만	80.2 -	203만5000	34.5 -	조업 중단

자료 : 통계청(경제활동인구조사 근로 형태별 부가조사)

힌트
[테이블 디자인] 탭의 [표 스타일] 그룹에서 [음영] 단추를 클릭하고, '주황'을, [효과] 단추를 클릭하고, [그림자]–[바깥쪽]–[오프셋: 가운데]를 선택합니다.

14 차트 삽입과 편집하기

차트는 수치 데이터를 막대, 선, 도형 등을 이용하여 시각적으로 표현한 것으로 숫자로 구성된 데이터를 비교, 분석, 예측할 수 있습니다. 여기에서는 차트를 슬라이드에 삽입한 후, 다양한 서식과 편집 기능을 이용하여 원하는 차트를 작성하고 종류를 변경하는 방법에 대하여 학습해 봅니다.

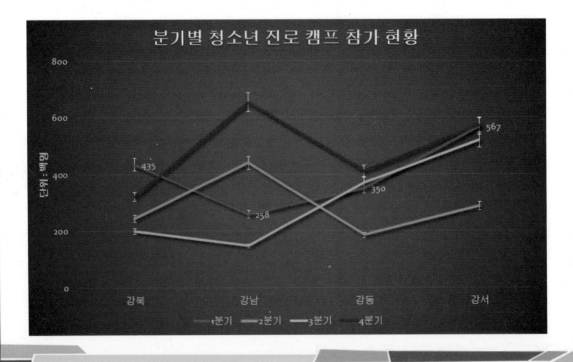

▲ 진로캠프.pptx

핵심 내용

– 수치 데이터를 작성하여 슬라이드에 원하는 차트를 삽입하는 방법에 대해 알아봅니다.
– 차트 레이아웃 중 제목, 레이블, 눈금선, 범례 등을 이용하여 차트를 편집하는 방법에 대해 알아봅니다.
– 차트의 도형 스타일과 차트 스타일을 이용하여 차트를 디자인하는 방법에 대해 알아봅니다.

01 슬라이드 레이아웃을 '제목 및 내용'으로 변경한 후, '교육' 테마를 적용하고 [디자인] 탭의 [사용자 지정] 그룹에서 슬라이드 크기를 최대화 합니다.

02 제목 텍스트 상자에 주어진 내용을 입력한 후, [홈] 탭의 [글꼴] 그룹에서 글꼴은 'HY헤드라인M', 글꼴 크기는 '44', 글꼴 색은 '진한 파랑'을 각각 지정합니다.

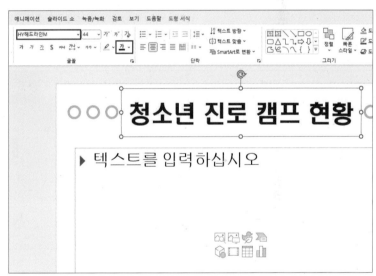

03 차트를 삽입하기 위하여 내용 텍스트 상자에서 차트 삽입(📊) 아이콘을 클릭합니다.

P‍lus T‍ip

차트 삽입 :
[삽입] 탭의 [일러스트레이션] 그룹에서 차트(📊) 단추를 클릭해도 차트를 작성할 수 있습니다.

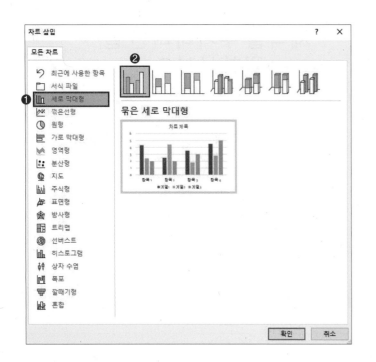

04 [차트 삽입] 대화 상자의 [모든 차트] 탭에서 세로 막대형의 '묶은 세로 막대형'을 선택하고, [확인] 단추를 클릭합니다.

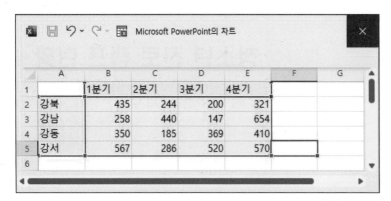

05 Microsoft PowerPoint의 차트 창이 나타나면 주어진 내용을 입력하고, 화면 오른쪽 상단의 닫기(×) 단추를 클릭합니다.

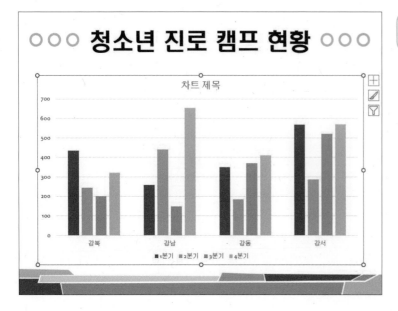

06 그 결과 슬라이드에 차트가 삽입되어 나타나는 것을 확인할 수 있습니다.

01 차트가 선택된 상태에서 차트의 크기 조절 핸들을 이용하여 차트의 전체 크기를 적당히 조절합니다.

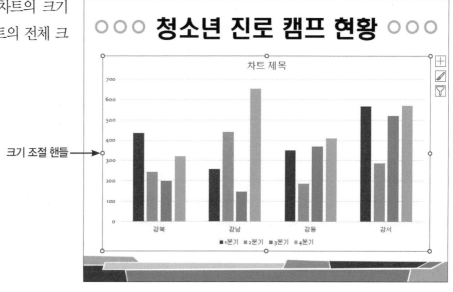

크기 조절 핸들 →

02 차트의 전체 글꼴을 변경하기 위하여 [홈] 탭의 [글꼴] 그룹에서 글꼴은 '맑은 고딕', 글꼴 크기는 '14'를 각각 지정합니다.

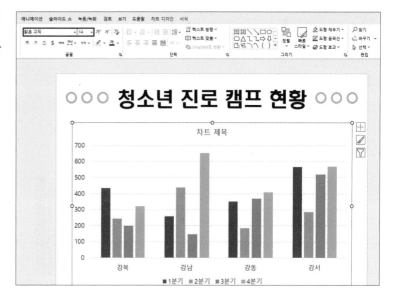

03 차트 제목에 주어진 내용을 입력한 후, [홈] 탭의 [글꼴] 그룹에서 글꼴은 'HY 견명조', 글꼴 크기는 '20', 글꼴 색은 '파랑'을 각각 지정합니다.

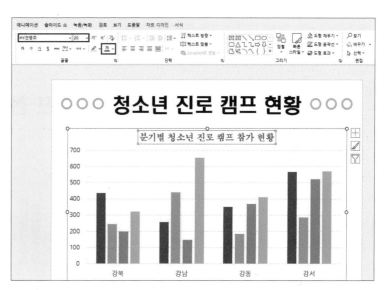

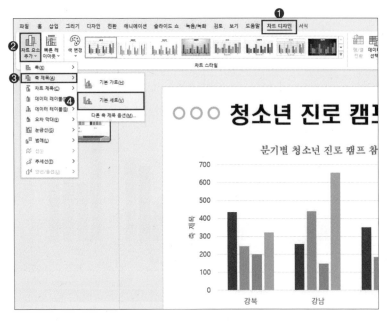

04 세로 축 제목을 입력하기 위하여 [차트 디자인] 탭의 [차트 레이아웃] 그룹에서 차트 요소 추가( ) 단추를 클릭하고, [축 제목]-[기본 세로]를 선택합니다.

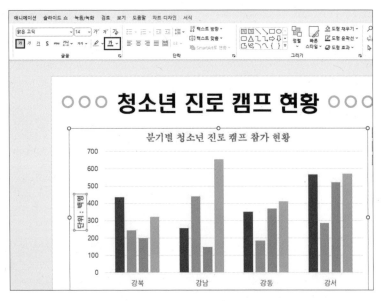

05 기본 세로 축 제목이 나타나면 주어진 내용을 입력한 후, [홈] 탭의 [글꼴] 그룹에서 글꼴 스타일은 '굵게', 글꼴 색은 '파랑'을 각각 지정합니다.

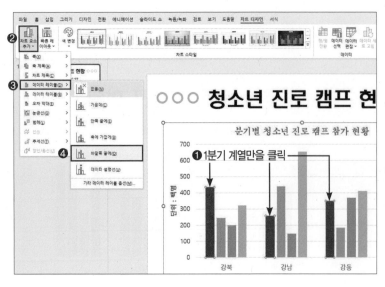

06 '1분기' 계열만을 선택한 후, [차트 디자인] 탭의 [차트 레이아웃] 그룹에서 차트 요소 추가( ) 단추를 클릭하고 [데이터 레이블]-[바깥쪽 끝에]를 선택합니다.

Plus **T**ip

데이터 레이블 :
데이터 계열에 대하여 값이나 데이터 항목을 표시하는 것으로, 특정 계열을 선택하지 않으면 모든 데이터 계열에 레이블이 표시됩니다.

07 오차 막대를 표시하기 위하여 [차트 디자인] 탭의 [차트 레이아웃] 그룹에서 차트 요소 추가(차트요소 추가) 단추를 클릭하고, [오차 막대]-[백분율]을 선택합니다.

Plus Tip

오차 막대 :
데이터 계열에 있는 각 데이터 요소들의 잠재 오차량이나 불확실도를 나타낸 것으로 차트에 오류 표시줄을 추가합니다.

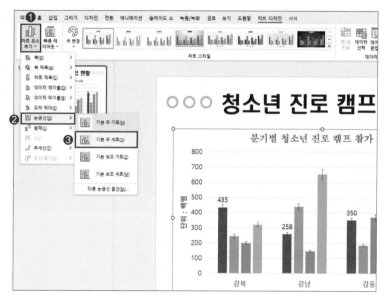

08 세로 눈금선을 표시하기 위하여 [차트 디자인] 탭의 [차트 레이아웃] 그룹에서 차트 요소 추가(차트요소 추가) 단추를 클릭하고, [눈금선]-[기본 주 세로]를 선택합니다.

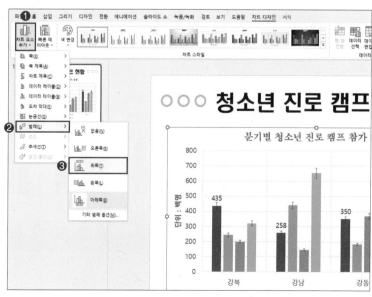

09 범례의 위치를 변경하기 위하여 [차트 디자인] 탭의 [차트 레이아웃] 그룹에서 차트 요소 추가(차트요소 추가) 단추를 클릭하고, [범례]-[위쪽]을 선택합니다.

Plus Tip

범례 :
차트의 데이터 계열이나 항목에 지정된 무늬 및 색상을 표시합니다.

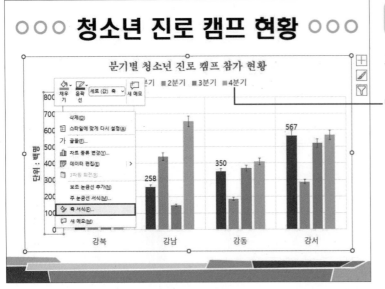

⑩ 축 서식을 지정하기 위하여 세로 (값) 축에서 마우스 오른쪽 버튼을 클릭하고, [축 서식]을 선택합니다.

범례가 위로 이동되었습니다.

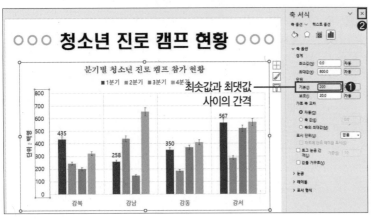

⑪ 축 서식 창이 나타나면 축 옵션에서 단위의 기본을 '200'으로 입력하고, 닫기 (×) 단추를 클릭합니다.

차트의 구성 요소

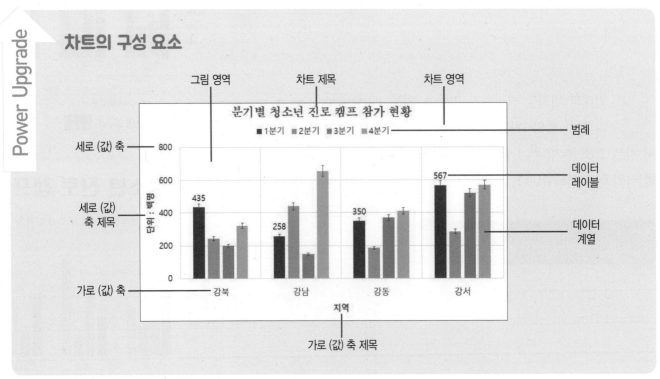

01 차트를 선택한 후, [차트 디자인] 탭의 [차트 스타일] 그룹에서 색 변경(🎨 색 변경) 단추를 클릭하고 '다양한 색상표 2'를 선택합니다.

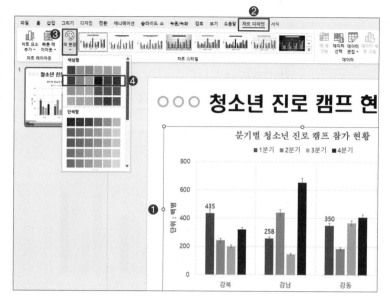

02 이번에는 [서식] 탭의 [도형 스타일] 그룹에서 도형 채우기(🔷도형 채우기 ▾) 단추를 클릭하고, [그라데이션]-[기타 그라데이션]을 선택합니다.

Plus**T**ip

그라데이션 :
진한 색채로부터 점차 흐려지게 하여 색상의 단계적 변화를 주는 기능으로 삽입한 도형이나 개체에 색상을 지정한 후, 그라데이션을 선택할 수 있지만 이는 색상에 따라 다르게 나타납니다.

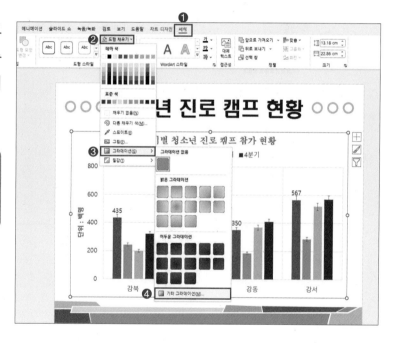

03 차트 영역 서식 창에서 '그라데이션 채우기'를 선택한 후, 그라데이션 중지점의 슬라이더를 오른쪽으로 각각 드래그하여 위치를 조정하고 닫기(×) 단추를 클릭합니다.

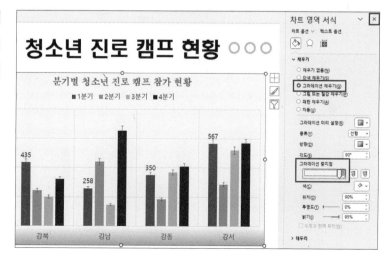

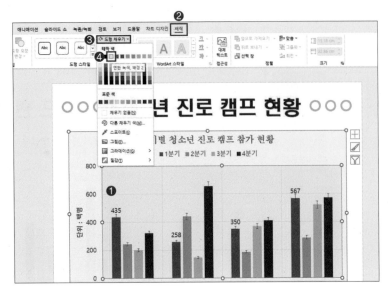

04 차트의 그림 영역을 선택한 후, [서식] 탭의 [도형 스타일] 그룹에서 도형 채우기(⟐ 도형 채우기 ▾) 단추를 클릭하고, '연한 녹색, 배경 2'를 선택합니다.

Plus Tip

차트 영역과 그림 영역 :
- 차트 영역 : 차트의 전체 영역으로 차트의 모든 항목이 표시됩니다.
- 그림 영역 : X축과 Y축으로 구성된 곳으로 데이터 계열이 표시됩니다.

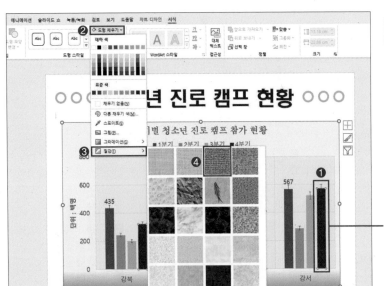

05 이번에는 '4분기' 계열만을 선택한 후, [서식] 탭의 [도형 스타일] 그룹에서 도형 채우기(⟐ 도형 채우기 ▾) 단추를 클릭하고 [질감]-[데님]을 선택합니다.

4분기 계열만 눈에 띄게 표현할 예정입니다.

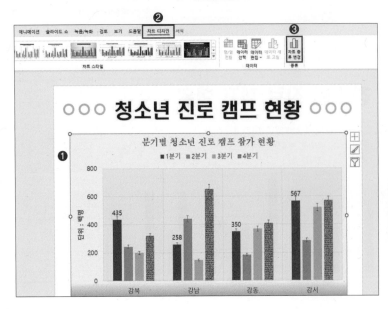

06 이번에는 차트 종류를 꺾은선 형으로 변경시켜보기로 합니다. 차트 종류를 변경하기 위하여 차트를 선택한 후, [차트 디자인] 탭의 [종류] 그룹에서 차트 종류 변경(📊) 단추를 클릭합니다.

Plus Tip

빠른 레이아웃 :
- 차트의 전체 레이아웃을 빠르게 변경할 수 있으며, 총 11가지의 레이아웃이 있습니다.
- [차트 디자인] 탭의 [차트 레이아웃] 그룹에서 빠른 레이아웃(📊) 단추를 클릭하고, 원하는 레이아웃을 선택합니다.

07 [차트 종류 변경] 대화 상자의 [모든 차트] 탭에서 꺾은선형의 '표식이 있는 꺾은선형'을 선택하고, [확인] 단추를 클릭합니다.

08 차트 스타일을 변경하기 위하여 [차트 디자인] 탭의 [차트 스타일] 그룹에서 빠른 스타일(⟱) 단추를 클릭하고, '스타일 6'을 선택합니다.

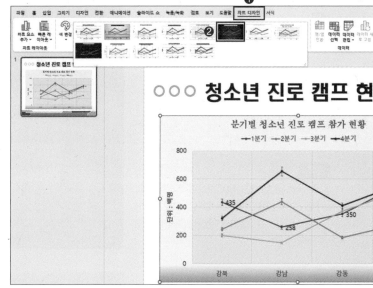

차트 요소, 차트 스타일, 차트 필터

- **차트 요소(⊞)** : 제목, 범례, 눈금선, 데이터 레이블 같은 차트 요소를 추가, 제거, 변경합니다.
- **차트 스타일(🖌)** : 차트에 대한 스타일 및 색 구성표를 설정합니다.
- **차트 필터(▽)** : 차트에 표시할 데이터 요소 및 이름을 편집합니다.

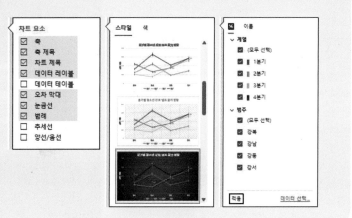

1

'제목 및 내용' 레이아웃에 '비행기 구름' 테마를 적용한 후, 주어진 차트를 작성해 보세요.

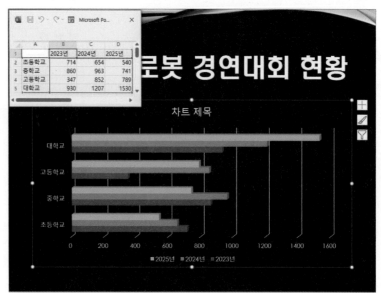

	2023년	2024년	2025년
초등학교	714	654	540
중학교	860	963	741
고등학교	347	852	789
대학교	930	1207	1530

힌트

[차트 삽입] 대화 상자의 [모든 차트] 탭에서 가로 막대형의 '3차원 묶은 가로 막대형'을 선택하고, 데이터 내용을 입력합니다.

2

차트에 다음과 같은 차트 요소를 추가해 보세요.

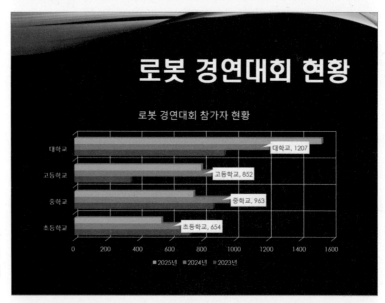

힌트

차트 제목을 입력한 후, [차트 디자인] 탭의 [차트 레이아웃] 그룹에서 [차트 요소 추가] 단추를 클릭하고 [데이터 레이블]과 [눈금선]을 선택합니다.

3

차트에서 '2025년' 데이터 계열의 색상을 '흰색'으로 변경해 보세요.

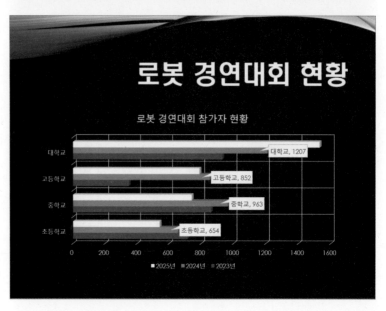

힌트

'2025년' 계열만을 선택한 후, [서식] 탭의 [도형 스타일] 그룹에서 [도형 채우기] 단추를 클릭하고 '흰색, 텍스트 1'을 선택합니다.

1) '제목 및 내용' 레이아웃에 '슬라이스' 테마를 적용한 후, 주어진 차트를 작성하고 차트 요소를 추가해 보세요.

힌트
- [차트 삽입] 대화 상자의 [모든 차트] 탭에서 원형의 '3차원 원형'을 선택하고, 데이터 내용을 입력합니다.
- [차트 디자인] 탭의 [차트 레이아웃] 그룹에서 [차트 요소 추가] 단추를 클릭하고, [데이터 레이블]을 선택합니다.

2) 차트에 색 변경과 차트 스타일을 다음과 같이 적용해 보세요.

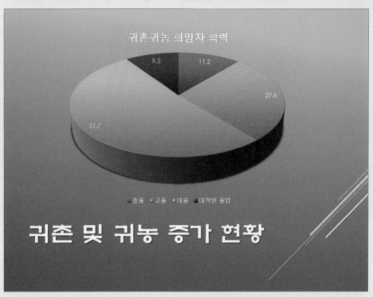

힌트
- [차트 디자인] 탭의 [차트 스타일] 그룹에서 [색 변경] 단추를 클릭하고, '다양한 색상표 4'를 선택합니다.
- [차트 디자인] 탭의 [차트 스타일] 그룹에서 [빠른 스타일] 단추를 클릭하고, '스타일 10'을 선택합니다.

3) 차트를 도넛형으로 변경하고, '대졸' 계열만을 분리해 보세요.

힌트
- [차트 종류 변경] 대화 상자의 [모든 차트] 탭에서 원형의 '도넛형'을 선택합니다.
- '대졸' 계열만을 천천히 두 번 클릭하여 선택한 후, 마우스로 드래그하여 분리합니다.

15 입체 모델과 오디오 삽입하기

슬라이드에 3D 개체와 소리 등의 멀티미디어 효과를 지정한 후, 이를 재생하면 프레젠테이션을 보다 사실적이고 현장감 있게 표현할 수 있습니다. 여기에서는 다양한 3D 개체를 활용하면서 제공된 오디오(소리) 파일을 삽입하고, 이를 재생하는 방법에 대하여 학습해 봅니다.

Preview

▲ 우주항공.pptx

▪▪ 핵심 내용

– 카테고리에서 원하는 3D 모델을 삽입한 후, 크기와 함께 방향과 각도를 조정하고 개체를 정렬시키는 방법에 대해 알아봅니다.
– 제공된 오디오(소리) 파일을 삽입한 후, 오디오 옵션을 지정하여 슬라이드를 재생하는 방법에 대해 알아봅니다.

01 슬라이드 레이아웃을 '제목만'으로 변경한 후, '물방울' 테마를 적용하고 [디자인] 탭의 [사용자 지정] 그룹에서 슬라이드 크기를 최대화 합니다.

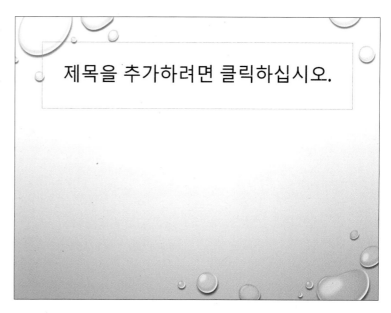

02 제목 텍스트 상자에 주어진 내용을 입력한 후, [홈] 탭의 [글꼴] 그룹에서 글꼴은 'HY헤드라인M', 글꼴 크기는 '48', 글꼴 색은 '진한 파랑'을 각각 지정합니다.

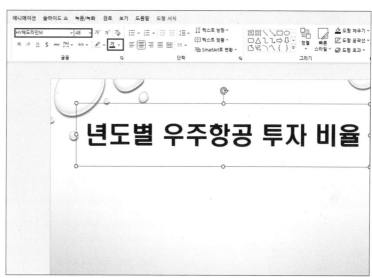

03 SmartArt에서 '관계형'의 '선형 벤형'을 이용하여 다음과 같이 슬라이드에 삽입합니다(색상형 – 강조색, 3차원 – 광택 처리).

도형 추가를 이용하여 내용을 입력한 후, 크기를 적당히 조절합니다.

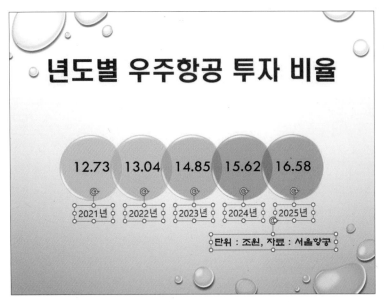

04 가로 텍스트 상자 그리기를 이용하여 슬라이드의 해당 위치에 임의의 글꼴로 주어진 내용을 각각 입력합니다.

05 [삽입] 탭의 [일러스트레이션] 그룹에서 3D 모델(3D 모델) 단추를 클릭하고, [스톡 3D 모델]을 선택합니다.

06 [온라인 3D 모델] 대화 상자에서 'Space 모두 보기'를 클릭한 후, 해당 카테고리의 모델이 나타나면 원하는 모델을 선택하고 [삽입] 단추를 클릭합니다.

Plus**T**ip

3D 모델 카테고리 :
[온라인 3D 모델] 대화 상자에는 카테고리별로 다양한 3D 모델이 존재하므로 원하는 카테고리를 선택하여 3D 모델을 선택할 수 있습니다.

07 슬라이드에 3D 모델이 삽입되면 크기 조절 핸들을 이용하여 크기를 적당히 조절하고, 주어진 위치로 이동합니다.

08 계속해서 모델 중앙의 각도 조절 핸들을 드래그하여 3D 모델의 각도를 자유롭게 조절합니다.

Plus Tip

3D 모델 보기 :
[3D 모델] 탭의 [3D 모델 보기] 그룹에서 보기(▼) 단추를 클릭하면 주어진 방향과 각도를 선택하여 3D 모델을 표현할 수 있습니다.

09 마지막으로 [3D 모델] 탭의 [정렬] 그룹에서 뒤로 보내기(뒤로 보내기 ▼) 단추를 클릭하고, [맨 뒤로 보내기]를 선택합니다.

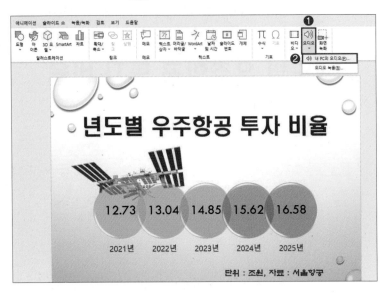

01 오디오 파일을 삽입하기 위하여 [삽입] 탭의 [미디어] 그룹에서 오디오 (🔊 오디오) 단추를 클릭하고, [내 PC의 오디오]를 선택합니다.

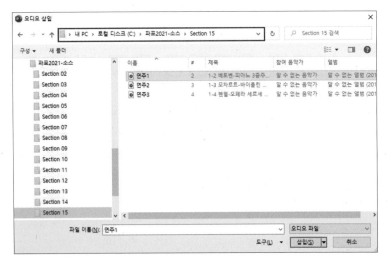

02 [오디오 삽입] 대화 상자에서 찾는 위치(C:₩파포2021-소스₩Section 15)와 파일 이름(연주1.mp3)을 선택하고, [삽입] 단추를 클릭합니다.

03 슬라이드에 오디오 모양의 아이콘이 삽입되면 크기와 위치를 적당히 조절합니다.

04 [오디오 형식] 탭의 [조정] 그룹에서 색 ( ) 단추를 클릭하고, 다시 칠하기의 '라임, 어두운 강조색 3'을 선택합니다.

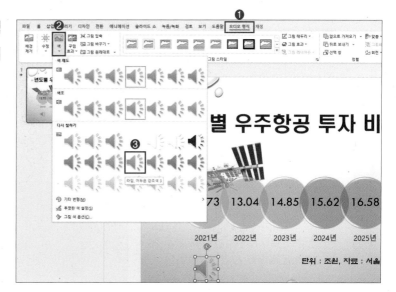

05 이번에는 [재생] 탭의 [오디오 옵션] 그룹에서 시작의 목록( ) 단추를 클릭하고, [자동 실행]을 선택합니다.

Plus**T**ip

시작 메뉴 :
- 자동 실행 : 슬라이드 쇼에서 오디오 파일이 삽입된 슬라이드가 실행되면 바로 재생됩니다.
- 클릭할 때 : 슬라이드 쇼에서 마우스로 클릭 시에만 해당 소리 파일이 재생됩니다.

06 오디오 파일을 확인하기 위하여 [재생] 탭의 [미리 보기] 그룹에서 재생(재생) 단추를 클릭합니다.

[재생] 단추를 클릭하면 삽입한
오디오 파일이 재생됩니다.

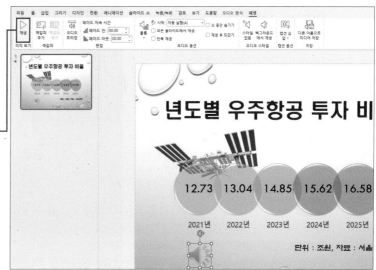

1

'제목만' 레이아웃에 '디지털' 테마를 적용한 후, 주어진 SmartArt를 작성하고 임의의 3D 모델을 삽입해 보세요.

힌트

- 주기형의 분기 방사형을 삽입한 후, [SmartArt 스타일] 그룹에서 색 변경은 '색 상형 – 강조색', 스타일은 '3차원 – 경사'를 각각 선택합니다.
- [온라인 3D 모델] 대화 상자에서 'Celebrations 모두 보기'를 클릭하고, 해당 모델을 선택합니다.

2

3D 모델의 방향과 각도를 다음과 같이 회전시켜 보세요.

힌트

3D 모델을 선택한 후, 중앙의 각도 조절 핸들을 드래그하여 방향과 각도를 적당히 조절합니다.

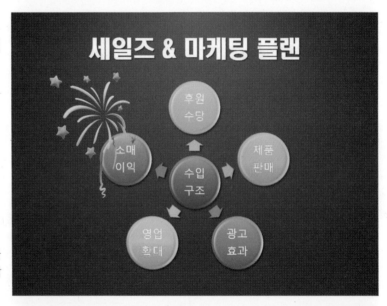

3

3D 모델을 SmartArt 뒤쪽으로 정렬시켜 보세요.

힌트

3D 모델을 선택한 후, [3D 모델] 탭의 [정렬] 그룹에서 [뒤로 보내기]–[맨 뒤로 보내기]를 선택합니다.

1) '제목 및 내용' 레이아웃에 '목판' 테마를 적용한 후, 주어진 차트를 작성하고 임의의 3D 모델과 제공된 '연주2.mp3' 파일을 삽입해 보세요.

힌트
- [온라인 3D 모델] 대화 상자에서 'Vehicles 모두 보기'를 클릭하고, 해당 모델을 선택합니다.
- [오디오 삽입] 대화 상자에서 찾는 위치(C:\파포2021-소스\Section 15)와 파일 이름(연주2.mp3)을 선택합니다.

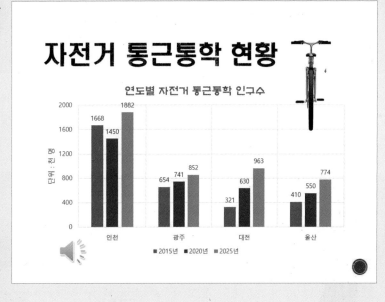

2) 3D 모델의 방향과 각도를 조절하고, 오디오 아이콘의 색을 '세피아'로 변경해 보세요.

힌트
- 3D 모델 중앙의 각도 조절 핸들을 드래그하여 방향과 각도를 적당히 조절합니다.
- [오디오 형식] 탭의 [조정] 그룹에서 [색]–[다시 칠하기]–[세피아]를 선택합니다.

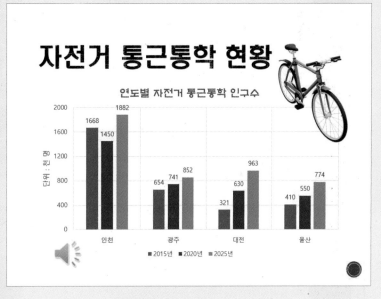

3) 오디오 아이콘을 재생할 때 클릭할 때만 실행되도록 설정해 보세요.

힌트
[재생] 탭의 [오디오 옵션] 그룹에서 시작의 [목록] 단추를 클릭하고, [클릭할 때]를 선택합니다.

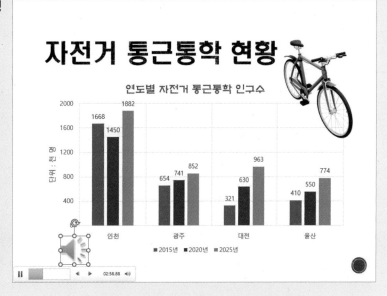

16 비디오 삽입과 재생하기

비디오는 움직이는 개체로, 슬라이드 쇼를 진행할 때 그림(사진)이나 소리를 통한 전달 표현이 부족할 경우 생생하게 움직이는 동영상을 통해서 보다 효율적으로 정보를 전달할 수 있습니다. 여기에서는 비디오 파일과 스톡 비디오를 삽입하여 편집한 후, 재생하는 방법에 대하여 학습해 봅니다.

Preview

▲ 바다여행.pptx

핵심 내용

− 제공한 비디오(동영상) 파일을 슬라이드에 삽입하여 편집하고, 재생하는 방법에 대해 알아봅니다.
− 슬라이드에 원하는 스톡 비디오를 삽입하여 편집한 후, 슬라이드 쇼에서 재생하는 방법에 대해 알아봅니다.

01 슬라이드 레이아웃을 '빈 화면'으로 변경한 후, '배지' 테마를 적용하고 [디자인] 탭의 [사용자 지정] 그룹에서 슬라이드 크기를 최대화 합니다.

02 임의의 WordArt를 이용하여 다음과 같이 제목을 입력한 후, [홈] 탭의 [글꼴] 그룹에서 글꼴은 'HY헤드라인M', 글꼴 크기는 '48'로 각각 지정합니다.

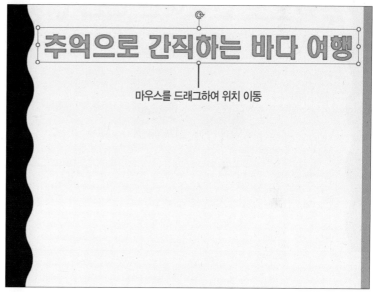

03 [도형 서식] 탭의 [WordArt 스타일] 그룹에서 텍스트 효과(가 텍스트 효과 ∨) 단추를 클릭하고, [변환]−[휘기]−[갈매기형 수장: 위로]를 선택합니다.

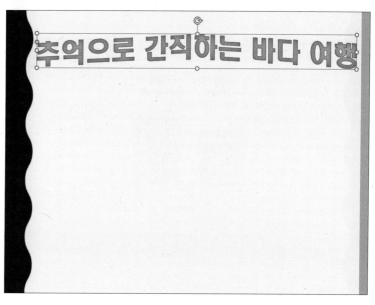

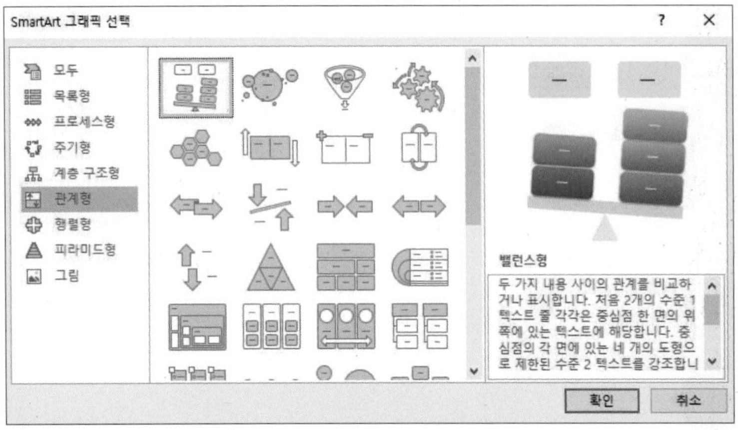

04 [삽입] 탭의 [일러스트레이션] 그룹에서 SmartArt( ) 단추를 클릭하고, [SmartArt 그래픽 선택] 대화 상자에서 '관계형'에 있는 '밸런스형'을 삽입합니다.

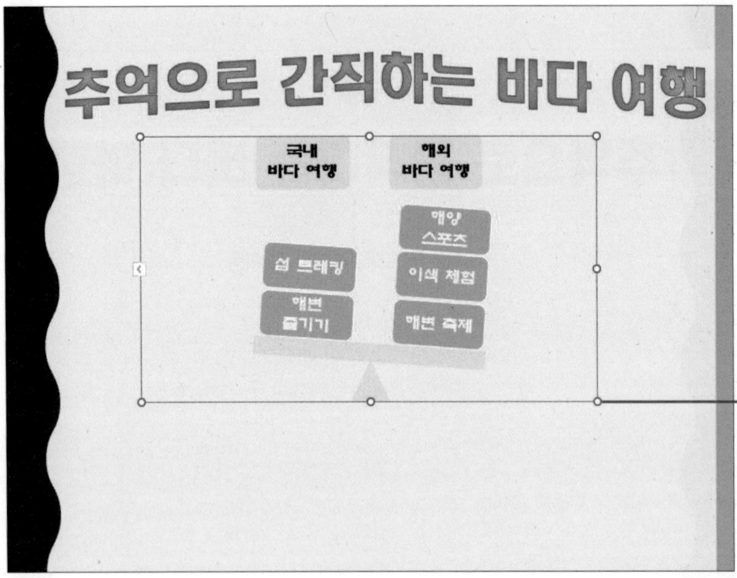

크기 조절 핸들을 이용하여 크기를 조정합니다.

05 밸런스형에 주어진 내용을 입력한 후, [홈] 탭의 [글꼴] 그룹에서 글꼴은 '휴먼옛체', 글꼴 크기는 '16', 글꼴 스타일은 '굵게'를 각각 설정합니다.

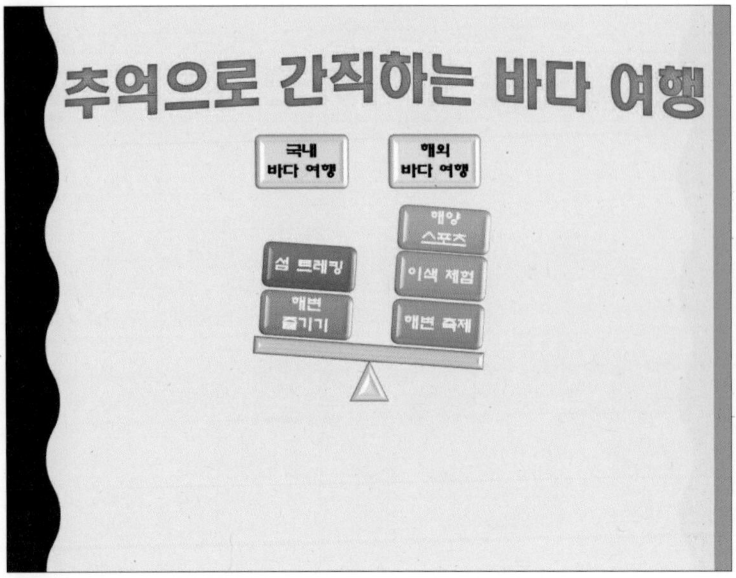

06 [SmartArt 디자인] 탭의 [SmartArt 스타일] 그룹에서 색 변경은 '색상형 범위 – 강조색 4 또는 5', 빠른 스타일은 '3차원 – 경사'를 각각 선택합니다.

07 비디오 파일을 삽입하기 위하여 [삽입] 탭의 [미디어] 그룹에서 비디오( ) 단추를 클릭하고, [이 디바이스]를 선택합니다.

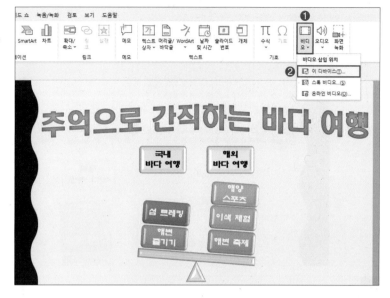

08 [비디오 삽입] 대화 상자에서 찾는 위치(C:₩파포2021-소스₩Section 16)와 파일 이름(바다.MP4)을 선택하고, [삽입] 단추를 클릭합니다.

09 슬라이드에 비디오 파일이 삽입되면 크기와 위치를 적당히 조절합니다.

P l u s T i p

비디오 스타일 :
[비디오 형식] 탭의 [비디오 스타일] 그룹에서 비디오 스타일( ) 단추를 클릭하면 은은한 효과, 일반, 강함의 다양한 스타일을 이용하여 동영상 파일을 화려하게 꾸밀 수 있습니다.

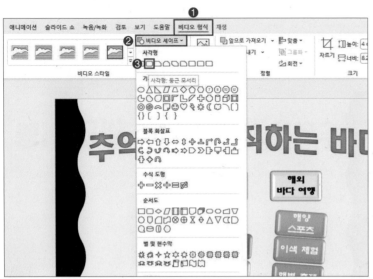

10 [비디오 형식] 탭의 [비디오 스타일] 그룹에서 비디오 셰이프(비디오 셰이프) 단추를 클릭하고, 사각형의 '사각형: 둥근 모서리'를 선택합니다.

PlusTip

비디오 셰이프 :
현재의 서식을 모두 유지한 상태에서 삽입한 비디오의 모양을 변경합니다.

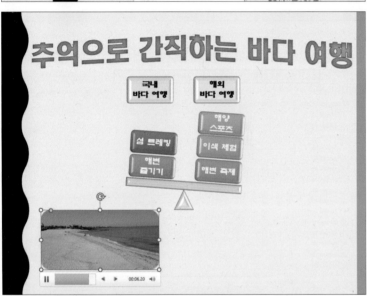

11 [재생] 탭의 [미리 보기] 그룹에서 재생(▷) 단추를 클릭하면 비디오가 실행되는 것을 확인할 수 있습니다.

Power Upgrade

[편집] 그룹과 [비디오 옵션] 그룹

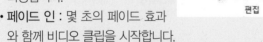

- **비디오 트리밍** : 시작 및 종료 날짜를 지정하여 비디오 클립을 트리밍합니다.
- **페이드 인** : 몇 초의 페이드 효과와 함께 비디오 클립을 시작합니다.
- **페이드 아웃** : 몇 초의 페이드 효과와 함께 비디오 클립을 종료합니다.
- **볼륨** : 비디오 클립의 볼륨을 조절합니다.
- **시작** : 비디오 클립을 자동으로 재생하거나 클릭될 때 재생합니다.
- **전체 화면 재생** : 비디오 클립을 전체 화면으로 재생합니다.
- **재생하지 않을 때 숨기기** : 재생 중이지 않으면 비디오 클립을 숨깁니다.
- **반복 재생** : 오디오나 비디오 클립이 중지될 때까지 반복합니다.
- **재생 후 되감기** : 오디오나 비디오 클립을 재생한 후에 되감습니다.

01 [삽입] 탭의 [미디어] 그룹에서 비디오( ) 단추를 클릭하고, [스톡 비디오]를 선택합니다.

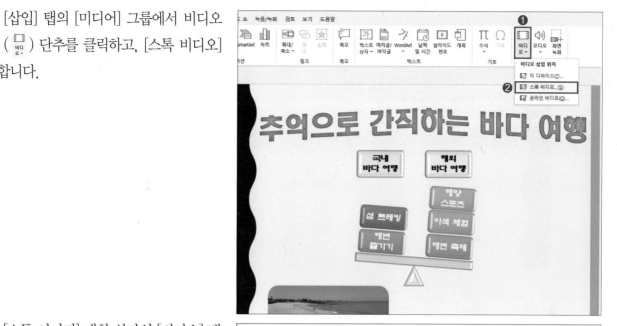

02 [스톡 이미지] 대화 상자의 [비디오] 탭에서 검색란에 "바다"를 입력하여 검색한 후, 원하는 비디오를 선택하고 [삽입] 단추를 클릭합니다.

03 슬라이드에 스톡 비디오가 삽입되면 크기 조절 핸들을 이용하여 크기를 적당히 조절한 후, 해당 위치로 드래그하여 이동합니다.

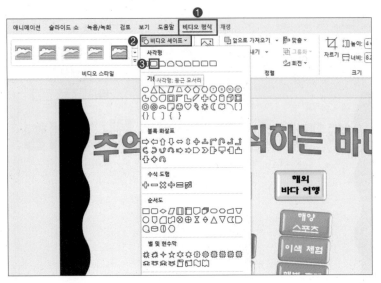

04 [비디오 형식] 탭의 [비디오 스타일] 그 룹에서 비디오 셰이프(비디오 셰이프 ▾) 단추를 클릭하고, 사각형의 '사각형: 둥근 모서 리'를 선택합니다.

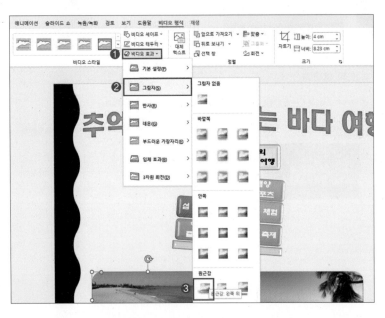

05 왼쪽 비디오를 선택한 후, [비디오 형 식] 탭의 [비디오 스타일] 그룹에서 비 디오 효과(비디오 효과 ▾) 단추를 클릭하고 [그림 자]–[원근감]–[원근감: 왼쪽 위]를 선택합니다.

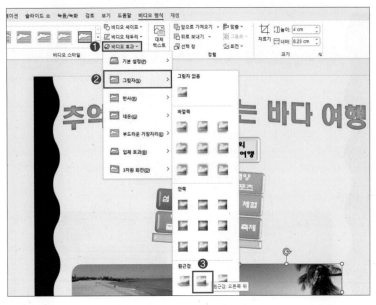

06 오른쪽 비디오를 선택한 후, [비디오 형식] 탭의 [비디오 스타일] 그룹에서 비디오 효과(비디오 효과 ▾) 단추를 클릭하고 [그 림자]–[원근감]–[원근감: 오른쪽 위]를 선택합 니다.

07 두 개의 비디오를 동시에 선택한 후, [재생] 탭의 [비디오 옵션] 그룹에서 시작의 목록(⌄) 단추를 클릭하고 [자동 실행]을 선택합니다.

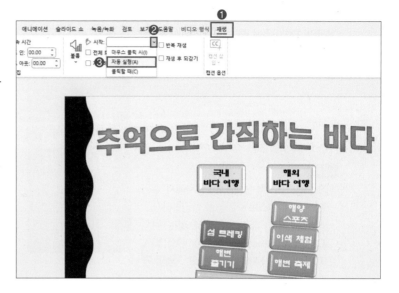

08 두 개의 비디오를 동시에 실행하기 위하여 [슬라이드 쇼] 탭의 [슬라이드 쇼 시작] 그룹에서 현재 슬라이드부터(🖥) 단추를 클릭합니다.

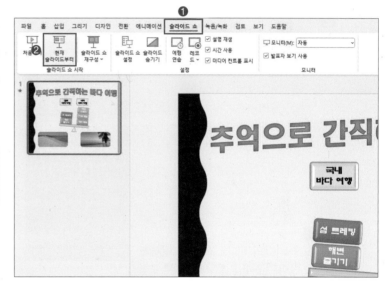

Plus**T**ip

비디오 상태 :
현재 슬라이드에서 비디오 파일과 스톡 비디오는 정지된 상태로 나타납니다.

09 그 결과 슬라이드 쇼가 실행되면서 지금까지 설정한 두 개의 비디오를 재생할 수 있습니다.

기초문제

1

'제목만' 레이아웃에 '틀' 테마를 적용한 후, 주어진 SmartArt를 작성하고 제공된 '바이올린.MP4' 파일을 삽입해 보세요.

> **힌트**
> - [SmartArt 그래픽 선택] 대화 상자에서 '주기형'에 있는 '텍스트 주기형'을 삽입합니다.
> - [비디오 삽입] 대화 상자에서 찾는 위치 (C:₩파포2021-소스₩Section 16)와 파일 이름(바이올린.MP4)을 선택하고, [삽입] 단추를 클릭합니다.

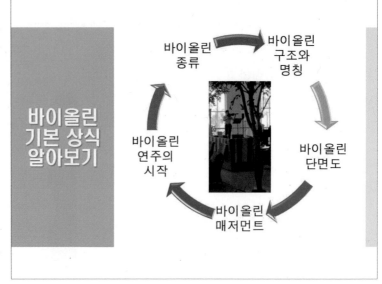

2

비디오 파일에 다음과 같은 비디오 셰이프를 적용해 보세요.

> **힌트**
> [비디오 형식] 탭의 [비디오 스타일] 그룹에서 [비디오 셰이프] 단추를 클릭하고, 기본 도형의 '타원'을 선택합니다.

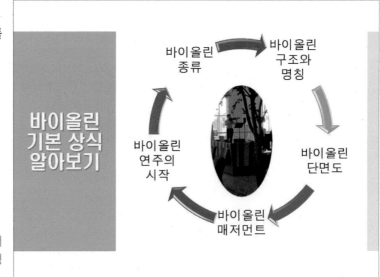

3

현재 슬라이드 상태에서 비디오 파일을 재생해 보세요.

> **힌트**
> [재생] 탭의 [미리 보기] 그룹에서 [재생] 단추를 클릭합니다.

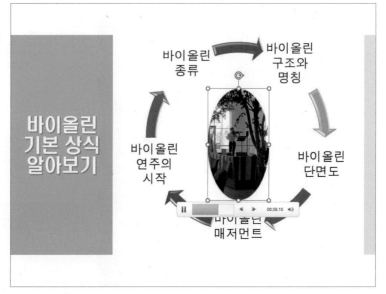

1) '제목만' 레이아웃에 '회로' 테마를 적용한 후, 주어진 SmartArt를 작성하고 불꽃의 스톡 비디오를 삽입해 보세요.

힌트
- [SmartArt 그래픽 선택] 대화 상자에서 '프로세스형'에 있는 '상향 화살표형'을 삽입합니다.
- [스톡 이미지] 대화 상자의 [비디오] 탭에서 검색란에 "불꽃"을 입력하여 검색한 후, 원하는 비디오를 선택합니다.

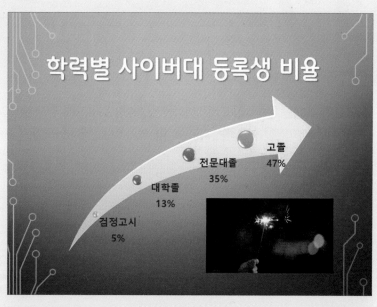

2) 스톡 비디오에 비디오 셰이프와 비디오 효과를 각각 적용해 보세요.

힌트
- [비디오 형식] 탭의 [비디오 스타일] 그룹에서 [비디오 셰이프] 단추를 클릭하고, 기본 도형의 '팔각형'을 선택합니다.
- [비디오 형식] 탭의 [비디오 스타일] 그룹에서 [비디오 효과] 단추를 클릭하고, [부드러운 가장자리]-[5 포인트]를 선택합니다.

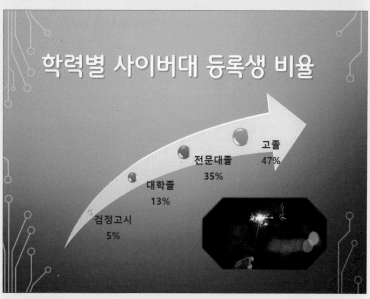

3) 슬라이드 쇼를 이용하여 스톡 비디오를 재생해 보세요.

힌트
[슬라이드 쇼] 탭의 [슬라이드 쇼 시작] 그룹에서 [현재 슬라이드부터] 단추를 클릭합니다.

17 화면 전환 효과와 소리 삽입하기

화면 전환 효과는 청중들이 프레젠테이션에 집중할 수 있도록 현재 슬라이드에서 다른 슬라이드로 화면이 전환될 때 전체 화면에 애니메이션을 적용하는 기능입니다. 여기에서는 슬라이드에 화면 전환 효과를 지정하고, 온라인 그림에 소리를 삽입하는 방법에 대하여 학습해 봅니다.

▲ 수입유통.pptx

핵심 내용

– 슬라이드 전체에 화면 전환 효과와 다양한 옵션을 지정하는 방법에 대해 알아봅니다.
– 슬라이드에 필요한 온라인 그림을 삽입한 후, 그림 자체에 원하는 소리를 지정하는 방법에 대해 알아봅니다.

01 제목 슬라이드에 '명언' 테마를 적용하고, [디자인] 탭의 [사용자 지정] 그룹에서 슬라이드 크기를 최대화 합니다.

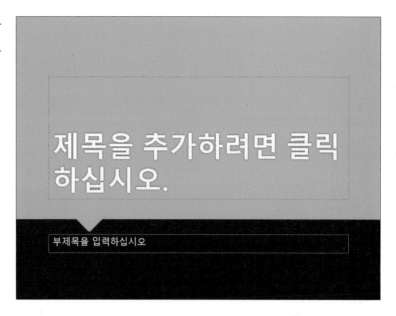

02 제목 텍스트 상자와 부제목 텍스트 상자에 주어진 내용을 각각 입력하고, 임의의 글꼴 서식을 지정합니다.

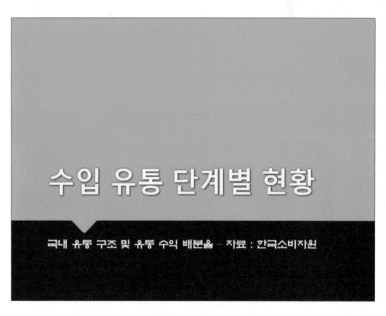

03 새로운 슬라이드를 추가하기 위하여 [홈] 탭의 [슬라이드] 그룹에서 새 슬라이드( ) 단추를 클릭하고, '제목만'을 선택합니다.

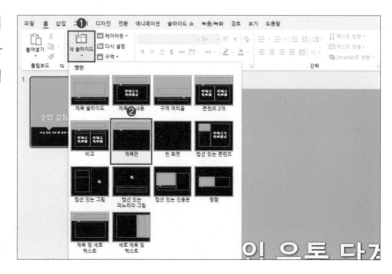

04 2번째 슬라이드가 만들어지면 임의의 글꼴 서식으로 주어진 내용을 입력한 후, [삽입] 탭의 [일러스트레이션] 그룹에서 도형(도형) 단추를 이용하여 [기본 도형]–[해]를 2개 삽입합니다.

— [기본 도형]–[해]가 2개 만들어졌습니다.

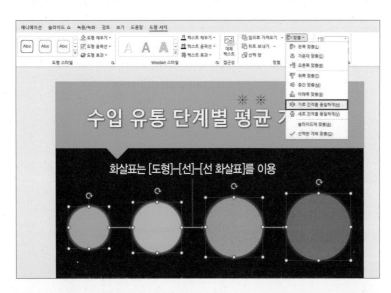

05 [삽입] 탭의 [일러스트레이션] 그룹에서 도형(도형) 단추를 이용하여 타원을 서로 다른 크기로 각각 삽입한 후, 가로 간격을 동일하게 지정합니다.

Plus Tip

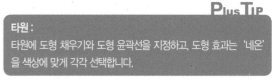

타원 :
타원에 도형 채우기와 도형 윤곽선을 지정하고, 도형 효과는 '네온'을 색상에 맞게 각각 선택합니다.

06 각 타원마다 임의의 글꼴 서식으로 주어진 내용을 입력하고, 가로 텍스트 상자를 이용하여 해당 내용을 삽입합니다.

— 선은 [도형]–[선]–[연결선: 꺾임]을 이용

07 슬라이드 1로 이동한 후, 화면 전환 효과를 지정하기 위하여 [전환] 탭의 [슬라이드 화면 전환] 그룹에서 화면 전환 효과(⏷) 단추를 클릭하고 화려한 효과의 '소용돌이'를 선택합니다.

Plus Tip

화면 전환 :
현재 슬라이드에서 다른 슬라이드로 넘어갈 때 다양한 움직임을 설정하는 기능으로, 애니메이션 효과와 달리 개체가 아니라 전체적인 화면에 동적인 효과를 설정합니다.

08 계속해서 [전환] 탭의 [슬라이드 화면 전환] 그룹에서 효과 옵션(▦) 단추를 클릭하고, [아래에서]를 선택합니다.

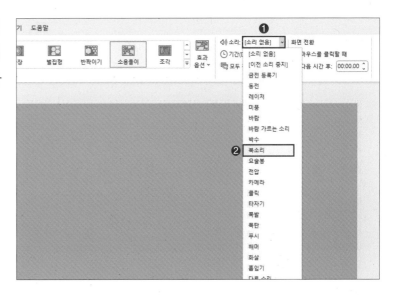

09 화면 전환에 소리를 지정하기 위하여 [전환] 탭의 [타이밍] 그룹에서 소리의 목록(⌄) 단추를 클릭하고, [북소리]를 선택합니다.

10 화면 전환의 속도(길이)를 설정하기 위하여 [전환] 탭의 [타이밍] 그룹에서 기간을 '05.00'으로 지정합니다.

11 화면 전환 효과를 모든 슬라이드에 적용하기 위하여 [전환] 탭의 [타이밍] 그룹에서 모두 적용(🖱️모두 적용) 단추를 클릭합니다.

PlusTip

[타이밍] 그룹 :
- 소리 : 슬라이드 사이를 전환하는 동안 재생할 소리를 지정합니다.
- 기간 : 슬라이드 사이를 전환하는 동안 전환의 길이를 지정합니다.
- 모두 적용 : 현재 슬라이드에 설정한 전환, 효과, 시간을 전체 프레젠테이션에 적용합니다.

12 지금까지 설정한 화면 전환 효과를 확인하기 위하여 [전환] 탭의 [미리 보기] 그룹에서 미리 보기(미리 보기) 단추를 클릭합니다.

01 [삽입] 탭의 [이미지] 그룹에서 그림(🖼) 단추를 클릭하고, [온라인 그림]을 선택합니다.

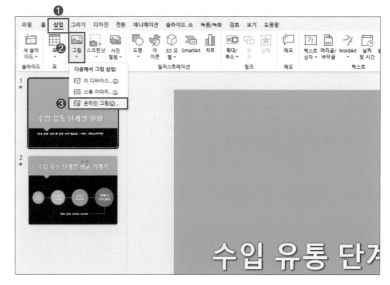

02 [온라인 그림] 대화 상자의 Bing 검색란에 "수입"을 입력하여 검색한 후, 원하는 그림을 선택하고 [삽입] 단추를 클릭합니다.

03 슬라이드에 온라인 그림이 삽입되면 크기 조절 핸들을 이용하여 크기를 적당히 조절한 후, 그림을 해당 위치로 드래그하여 이동합니다.

04 [그림 서식] 탭의 [그림 스타일] 그룹에서 빠른 스타일(▾) 단추를 클릭하고, '부드러운 가장자리 타원'을 선택합니다.

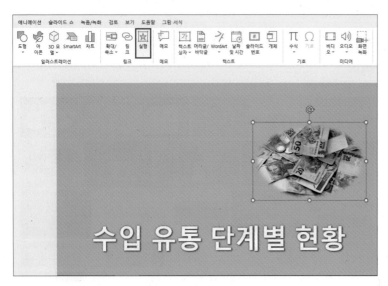

05 온라인 그림이 선택된 상태에서 [삽입] 탭의 [링크] 그룹에 있는 실행(★ 실행) 단추를 클릭합니다.

실행 설정

❶ | **마우스를 클릭할 때** | 마우스를 위에 놓았을 때 |

마우스를 클릭할 때 실행

◉ 없음(N)

○ 하이퍼링크(H):
　다음 슬라이드

○ 프로그램 실행(R):
　　　　　　　　　　찾아보기(B)...

○ 매크로 실행(M):

○ 개체 실행(A):

❷ ☑ 소리 재생(P):
　요술봉

☐ 클릭할 때 색 변화(C)

확인　취소

06 [실행 설정] 대화 상자의 [마우스를 클릭할 때] 탭에서 '소리 재생'과 목록(▾) 단추를 클릭하여 '요술봉'을 선택하고, [확인] 단추를 클릭합니다.

PlusTip

[마우스를 클릭할 때] 탭 :
온라인 그림이나 삽입한 그림 등의 개체에 소리를 지정한 후, 슬라이드 쇼를 진행할 때 해당 개체를 마우스로 클릭하면 소리가 재생됩니다.

07 슬라이드 2로 이동한 후, 동일한 방법으로 해당 위치에 온라인 그림을 삽입하고 [실행 설정] 대화 상자의 [마우스를 클릭할 때] 탭에서 '소리 재생'과 '레이저'를 선택합니다.

Plus**T**ip

온라인 그림 :
[온라인 그림] 대화 상자에서 '선박'에 관련된 그림을 찾아 삽입하고, 그림 스타일은 '반사형 모서리가 둥근 직사각형'을 적용합니다.

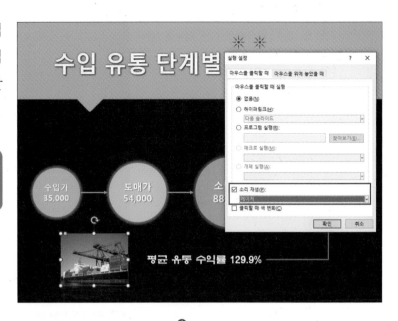

08 지금까지 설정한 화면 전환과 소리를 확인하기 위하여 [슬라이드 쇼] 탭의 [슬라이드 쇼 시작] 그룹에서 현재 슬라이드부터( ) 단추를 클릭합니다.

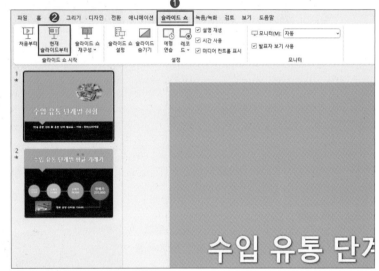

09 슬라이드 쇼가 실행되면서 화면 전환 효과와 온라인 그림에 설정한 소리들을 확인할 수 있습니다.

Plus**T**ip

슬라이드 쇼 : 중간에 슬라이드 쇼를 중지하려면 Esc 키를 누릅니다.

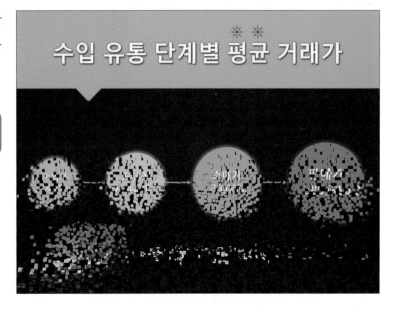

1

'제목 및 내용' 레이아웃에 '이온' 테마를 적용한 후, 주어진 슬라이드를 작성하고 큐브의 화면 전환 효과를 지정해 보세요.

힌트

[전환] 탭의 [슬라이드 화면 전환] 그룹에서 [화면 전환 효과] 단추를 클릭하고, 화려한 효과의 '큐브'를 선택합니다.

2

큐브의 효과 옵션을 왼쪽에서부터 시작되도록 변경해 보세요.

힌트

[전환] 탭의 [슬라이드 화면 전환] 그룹에서 [효과 옵션] 단추를 클릭하고, [왼쪽에서]를 선택합니다.

3

화면 전환 효과의 소리는 '바람', 기간은 '03.00'으로 설정해 보세요.

힌트

[전환] 탭의 [타이밍] 그룹에서 소리는 '바람'을 선택하고, 기간은 '03.00'으로 설정합니다.

1) '제목 및 내용' 레이아웃에 '심플' 테마를 적용한 후, 주어진 슬라이드를 작성하고 도형의 화면 전환 효과와 십자형 옵션을 지정해 보세요.

힌트

[전환] 탭의 [슬라이드 화면 전환] 그룹에서 은은한 효과의 '도형'을 선택하고, [효과 옵션]-[십자형]을 선택합니다.

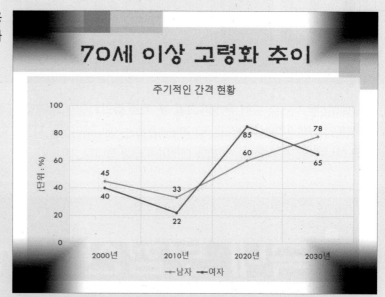

2) 슬라이드에 온라인 그림(노인)을 삽입하고, 카메라 소리 효과를 적용해 보세요.

힌트

해당 온라인 그림을 삽입한 후, [실행 설정] 대화 상자의 [마우스를 클릭할 때] 탭에서 '소리 재생'과 '카메라'를 선택하고 [확인] 단추를 클릭합니다.

3) 화면 전환 효과와 소리가 삽입된 온라인 그림을 슬라이드 쇼에서 실행해 보세요.

힌트

[슬라이드 쇼] 탭의 [슬라이드 쇼 시작] 그룹에서 [현재 슬라이드부터] 단추를 클릭합니다.

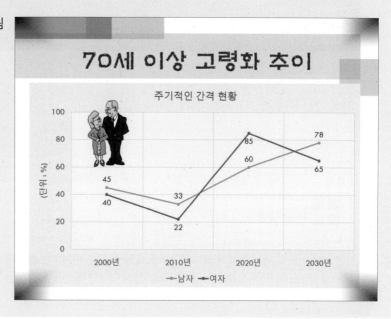

18 애니메이션 효과 활용하기

애니메이션은 텍스트, 도형, 온라인 그림, 표, 차트 등의 다양한 개체에 움직임과 소리 등의 효과를 적용하여 슬라이드를 보다 생동감 있게 만드는 기능으로, 각 개체에 원하는 애니메이션을 지정할 수 있습니다. 여기에서는 일반적인 애니메이션과 고급 애니메이션을 적용하는 방법에 대하여 학습해 봅니다.

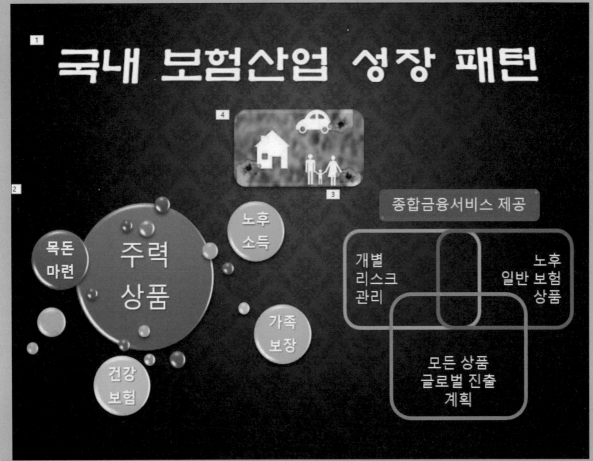

▲ 보험산업.pptx

핵심 내용

– 슬라이드에 SmartArt와 다양한 도형을 삽입한 후, 응용하는 방법에 대해 알아봅니다.
– 슬라이드의 특정 개체에 애니메이션과 효과 옵션을 지정하는 방법에 대해 알아봅니다.
– 슬라이드의 여러 개체에 고급 애니메이션과 다양한 옵션을 지정하는 방법에 대해 알아봅니다.

01 슬라이드 레이아웃을 '빈 화면'으로 변경한 후, '다마스크' 테마를 적용하고 [디자인] 탭의 [사용자 지정] 그룹에서 슬라이드 크기를 최대화 합니다.

02 [삽입] 탭의 [텍스트] 그룹에서 Word Art(WordArt) 단추를 이용하여 슬라이드 제목을 입력한 후, [홈] 탭의 [글꼴] 그룹에서 글꼴을 '휴먼옛체'로 변경합니다.

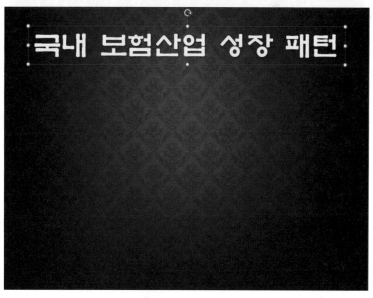

03 [도형 서식] 탭의 [WordArt 스타일] 그룹에서 텍스트 효과(가 텍스트 효과 ▾) 단추를 클릭하고, [3차원 회전]–[원근감]–[원근감: 위]를 선택합니다.

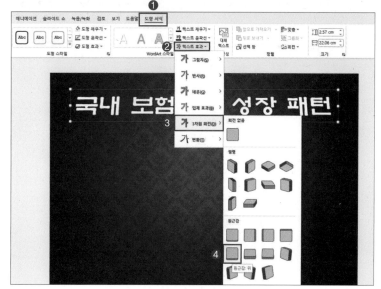

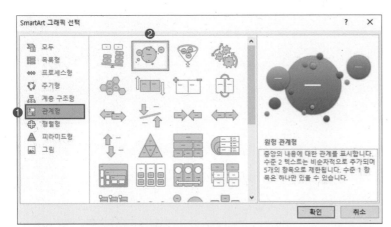

04 [삽입] 탭의 [일러스트레이션] 그룹에서 SmartArt(SmartArt) 단추를 클릭한 후, [SmartArt 그래픽 선택] 대화 상자에서 '관계형'에 있는 '원형 관계형'을 선택하고 [확인] 단추를 클릭합니다.

05 [SmartArt 디자인] 탭의 [SmartArt 스타일] 그룹에서 색 변경과 스타일을 각각 적용한 후, 임의의 글꼴 서식으로 주어진 내용을 입력합니다.

색 변경은 '색상형 범위 – 강조색 5 또는 6',
스타일은 '3차원 – 광택 처리'를 각각 선택합니다.

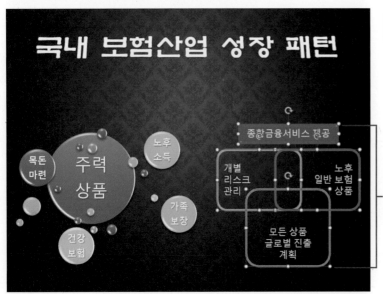

06 [삽입] 탭의 [일러스트레이션] 그룹에서 도형(도형) 단추를 클릭하고, 사각형의 '사각형: 둥근 모서리'를 이용하여 다음과 같이 각각 삽입합니다.

도형 채우기는 '채우기 없음',
도형 윤곽선은 임의의 색상과 두께를
지정한 후, 텍스트를 정렬합니다.

07 모든 도형을 선택한 후, [도형 서식] 탭의 [정렬] 그룹에서 개체 그룹화(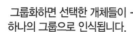 그룹화 ˇ) 단추를 클릭하고 [그룹]을 선택합니다.

그룹화하면 선택한 개체들이
하나의 그룹으로 인식됩니다.

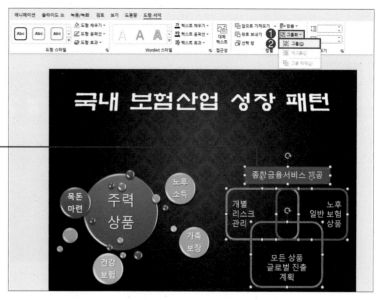

08 [삽입] 탭의 [이미지] 그룹에서 [그림]–[온라인 그림]을 선택한 후, "보험"을 검색하여 원하는 그림을 지정하고 [삽입] 단추를 클릭합니다.

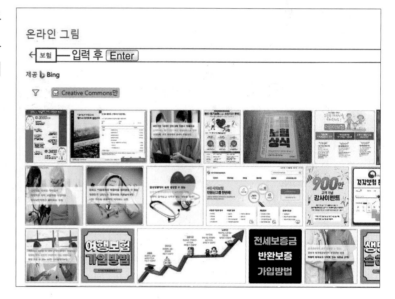

09 그림의 크기와 위치를 지정한 후, [그림 서식] 탭의 [그림 스타일] 그룹에서 빠른 스타일(ˇ) 단추를 클릭하고 '입체 직사각형'을 선택합니다.

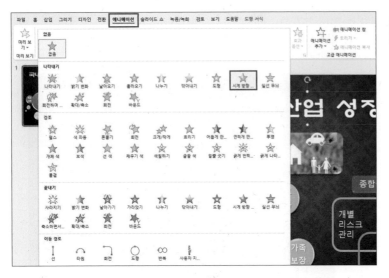

01 애니메이션을 지정할 슬라이드 제목을 선택한 후, [애니메이션] 탭의 [애니메이션] 그룹에서 애니메이션 스타일(▾) 단추를 클릭하고 [나타내기]–[시계 방향 회전]을 선택합니다.

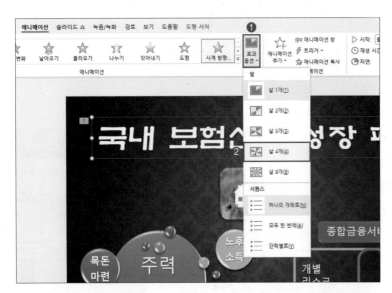

02 계속해서 [애니메이션] 탭의 [애니메이션] 그룹에서 효과 옵션(▨) 단추를 클릭하고, [살 4개]를 선택합니다.

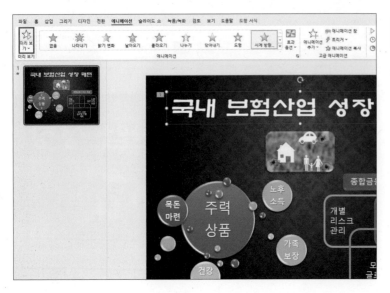

03 제목 애니메이션 효과를 확인하기 위하여 [애니메이션] 탭의 [미리 보기] 그룹에서 미리 보기(☆) 단추를 클릭합니다.

01 슬라이드에서 왼쪽 SmartArt를 선택한 후, [애니메이션] 탭의 [고급 애니메이션] 그룹에서 애니메이션 추가(☆ 애니메이션 추가▾) 단추를 클릭하고 [추가 나타내기 효과]를 선택합니다.

PlusTip

애니메이션 추가 :
선택한 개체에 추가할 애니메이션 효과를 지정하는 것으로, 새로운 애니메이션은 기존 애니메이션 뒤에 적용됩니다.

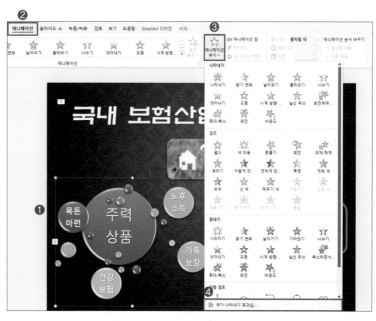

02 [나타내기 효과 추가] 대화 상자가 나타나면 화려한 효과의 '바운드'를 선택하고, [확인] 단추를 클릭합니다.

03 슬라이드 오른쪽에 있는 그룹화된 도형을 선택한 후, [애니메이션] 탭의 [고급 애니메이션] 그룹에서 애니메이션 추가(☆ 애니메이션 추가▾) 단추를 클릭하고 [추가 강조하기 효과]를 선택합니다.

PlusTip

애니메이션 숫자 태그 :
■슬라이드에 여러 애니메이션이 설정된 경우 각 개체의 왼쪽 부분에 숫자 태그(1, 2 ...)가 표시되어 애니메이션이 실행되는 순서를 나타냅니다.
■해당 숫자 태그를 클릭하면 지정된 애니메이션을 수정할 수 있습니다.

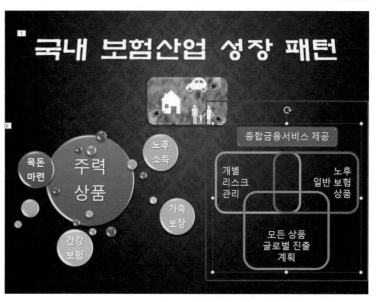

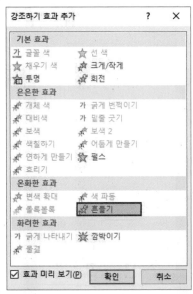

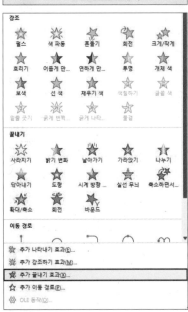

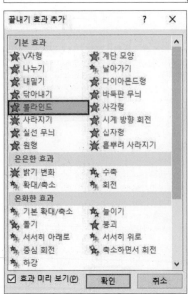

04 [강조하기 효과 추가] 대화 상자에서 온화한 효과의 '흔들기'를 선택하고, [확인] 단추를 클릭합니다.

05 마지막으로 온라인 그림을 선택한 후, [애니메이션] 탭의 [고급 애니메이션] 그룹에서 애니메이션 추가(애니메이션 추가) 단추를 클릭하고 [추가 끝내기 효과]를 선택합니다.

Plus Tip

[타이밍] 그룹 :
- 시작 : 애니메이션의 재생 시점(클릭할 때, 이전 효과와 함께, 이전 효과 다음에)을 선택합니다.
- 재생 시간 : 애니메이션의 재생 길이를 지정합니다.
- 지연 : 몇 초 후에 애니메이션을 재생합니다.

06 [끝내기 효과 추가] 대화 상자에서 기본 효과의 '블라인드'를 선택하고, [확인] 단추를 클릭합니다.

07 화면 전환 효과를 지정하기 위하여 [전환] 탭의 [슬라이드 화면 전환] 그룹에서 화면 전환 효과(⌄) 단추를 클릭하고, 화려한 효과의 '흩어 뿌리기'를 선택합니다.

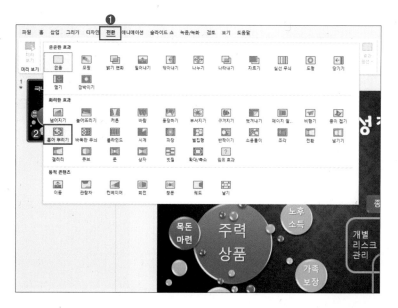

08 지금까지 설정한 애니메이션 효과를 확인하기 위하여 [애니메이션] 탭의 [미리 보기] 그룹에서 미리 보기(☆) 단추를 클릭합니다.

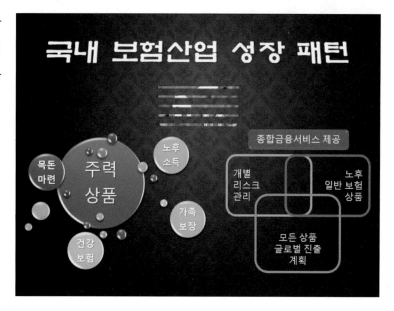

애니메이션 창

Power Upgrade

- 각 개체에 설정한 애니메이션을 확인하려면 [애니메이션] 탭의 [고급 애니메이션] 그룹에서 애니메이션 창(⬚ 애니메이션 창) 단추를 클릭합니다.
- 화면 오른쪽에 애니메이션 창이 나타나면 각 개체에서 설정한 애니메이션 효과와 순서를 확인할 수 있습니다.
- 슬라이드에 설정한 애니메이션 효과를 확인할 경우, 애니메이션 창에 있는 재생 시작(▶ 재생 시작) 단추를 클릭해도 됩니다.

1

제목 슬라이드에 '자연주의' 테마를 적용한 후, 슬라이드 내용을 입력하고 닦아내기의 화면 전환 효과를 지정해 보세요.

힌트

[전환] 탭의 [슬라이드 화면 전환] 그룹에서 은은한 효과의 '닦아내기'를 선택합니다.

2

제목 상자가 회전되도록 애니메이션 효과를 적용해 보세요.

힌트

제목 상자를 선택하고, [애니메이션] 탭의 [애니메이션] 그룹에서 강조의 '회전'을 선택합니다.

3

제목 상자가 180도 회전되도록 애니메이션 효과 옵션을 적용해 보세요.

힌트

[애니메이션] 탭의 [애니메이션] 그룹에서 [효과 옵션] 단추를 클릭하고, [180도 회전]을 선택합니다.

1) '제목만' 레이아웃에 '천체' 테마를 적용한 후, 주어진 슬라이드를 작성하고 제목에 애니메이션 추가 나타내기 효과로 십자형을 적용해 보세요.

힌트

[애니메이션] 탭의 [고급 애니메이션] 그룹에서 [애니메이션 추가]-[추가 나타내기 효과]를 선택하고, 기본 효과의 '십자형'을 선택합니다.

2) SmartArt에 애니메이션 추가 강조하기 효과로 회전을 적용해 보세요.

힌트

[애니메이션] 탭의 [고급 애니메이션] 그룹에서 [애니메이션 추가]-[추가 강조하기 효과]를 선택하고, 기본 효과의 '회전'을 선택합니다.

3) 차트에 애니메이션 추가 끝내기 효과로 바람개비를 적용해 보세요.

힌트

[애니메이션] 탭의 [고급 애니메이션] 그룹에서 [애니메이션 추가]-[추가 끝내기 효과]를 선택하고, 화려한 효과의 '바람개비'를 선택합니다.

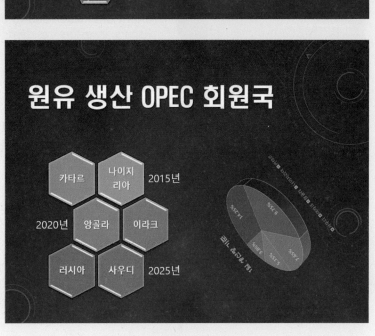

19 슬라이드 쇼 실행하기

하이퍼링크나 실행 단추는 슬라이드 쇼를 진행하면서 다른 슬라이드로 바로 이동할 수 있는 기능입니다. 여기에서는 특정 슬라이드에 하이퍼링크와 실행 단추를 설정하고, 슬라이드 쇼를 진행하는 방법에 대하여 학습해 봅니다.

장소 마케팅의 목차

1 장소 마케팅의 의미와 특징

2 국내외 장소 마케팅의 비교

3 장소 마케팅의 활용률

4 장

▲ 장소마케팅.pptx

장소 마케팅의 의미와 특징

Place Marketing

The term "Place Marketing" could refer to a city, country or a tourist destination and to their competition for tourists, visitors, investors, residents and other resources

장소 마케팅의 특징

❖ 특정 지역을 관광 명소로 만들기 위한 지역화 전략으로 랜드 마크를 활용
❖ 관광객과 투자자 유치를 통해 소득 수준이 향상되고, 지역 주민들의 소속감과 자긍심을 높일 수 있음

핵심 내용

– 여러 슬라이드 중 특정 부분에 하이퍼링크를 설정하는 방법에 대해 알아봅니다.
– 여러 슬라이드 중 원하는 슬라이드에 실행 단추를 설정하는 방법에 대해 알아봅니다.
– 전체적인 슬라이드 쇼를 진행하고, 예행 연습을 하는 방법에 대해 알아봅니다.

01 제목 슬라이드에 '배지' 테마를 적용하고, [디자인] 탭의 [사용자 지정] 그룹에서 슬라이드 크기를 최대화 합니다.

02 제목 텍스트 상자와 부제목 텍스트 상자에 주어진 내용을 각각 입력하고, 임의의 글꼴 서식을 지정합니다.

03 새 슬라이드로 '제목만'을 선택한 후, 슬라이드 제목을 입력하고 임의의 글꼴 서식을 지정합니다.

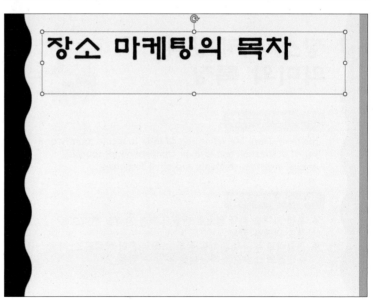

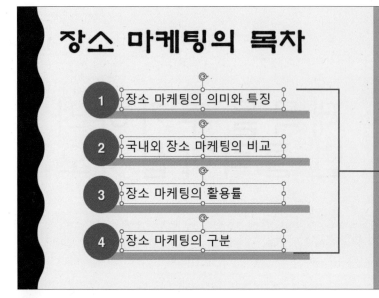

04 [삽입] 탭의 [일러스트레이션] 그룹에서 도형(🔵) 단추를 클릭하고, '타원'과 '사각형: 잘린 한쪽 모서리'를 이용하여 도형 슬라이드를 작성합니다.

내용은 가로 텍스트 상자를 이용하여 작성합니다.

05 새 슬라이드로 '제목만'을 선택한 후, [삽입] 탭의 [텍스트] 그룹에서 텍스트 상자(🔲) 단추를 클릭하고 [가로 텍스트 상자 그리기]를 이용하여 슬라이드 내용을 각각 입력합니다.

06 [삽입] 탭의 [이미지] 그룹에서 그림(🖼️) 단추를 클릭하고 [온라인 그림]을 선택한 후, "마케팅"을 검색하여 해당 그림을 삽입한 다음 원하는 그림 효과를 적용합니다.

반사 효과와 부드러운 가장자리 효과를 적용합니다.

07 새 슬라이드로 '제목만'을 선택한 후, [삽입] 탭의 [표] 그룹에서 표(▦) 단추를 이용하여 다음과 같은 표를 작성합니다. (열 개수 : 4, 행 개수 : 7)

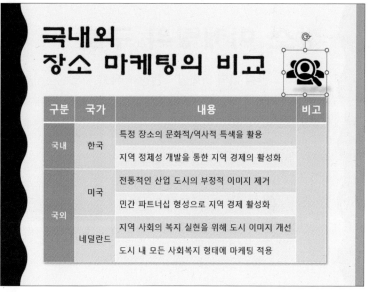

08 [삽입] 탭의 [일러스트레이션] 그룹에서 아이콘(🕊️) 단추를 클릭한 후, "마케팅"을 검색하여 원하는 아이콘을 삽입하고 그림자 효과를 적용합니다.

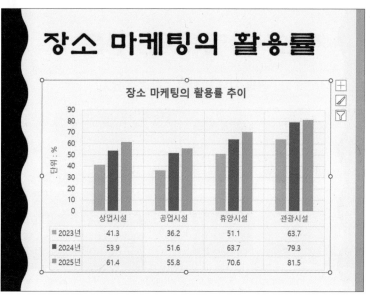

09 새 슬라이드로 '제목만'을 선택한 후, [삽입] 탭의 [일러스트레이션] 그룹에서 차트(📊) 단추를 이용하여 '묶은 세로 막대형'을 작성합니다.

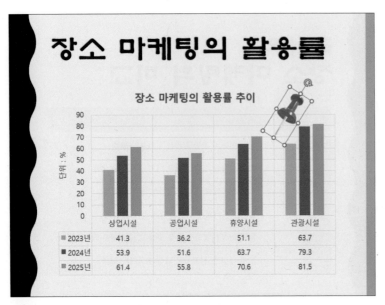

10 [삽입] 탭의 [일러스트레이션] 그룹에서 3D 모델(3D 모델∨) 단추를 클릭하고, [스톡 3D 모델]을 선택한 후 임의의 모델을 삽입한 다음 각도와 방향을 자유롭게 조절합니다.

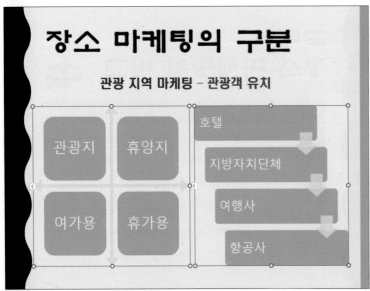

11 새 슬라이드로 '제목만'을 선택한 후, [삽입] 탭의 [일러스트레이션] 그룹에서 SmartArt(SmartArt) 단추를 이용하여 '눈금 행렬형'과 '지그재그 프로세스형'을 각각 작성합니다.

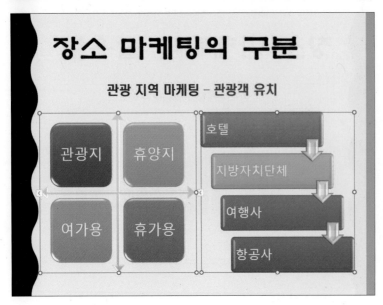

12 [SmartArt 디자인] 탭의 [SmartArt 스타일] 그룹에서 임의의 색 변경과 스타일을 각각 적용합니다.

01 작성한 전체 프레젠테이션에서 '슬라이드 2'를 선택합니다.

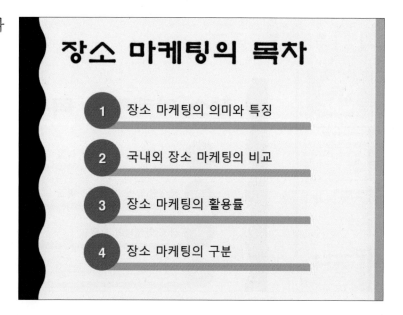

02 네 번째 목차에 있는 내용을 마우스로 드래그하여 블록 지정한 후, [삽입] 탭의 [링크] 그룹에서 링크(🔗) 단추를 클릭합니다.

PLUS TIP

하이퍼링크 :
같은 프레젠테이션에서 다른 슬라이드에 연결하거나 다른 프레젠테이션에서 슬라이드, 전자 메일 주소, 웹 페이지, 파일 등에 연결하는 기능입니다.

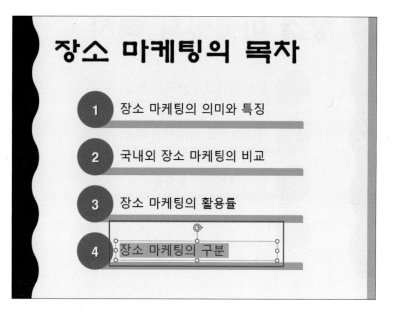

03 [하이퍼링크 삽입] 대화 상자에서 연결 대상은 '현재 문서', 이 문서에서 위치 선택은 '슬라이드 6'으로 선택하고, [확인] 단추를 클릭합니다.

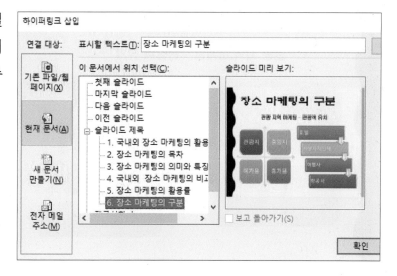

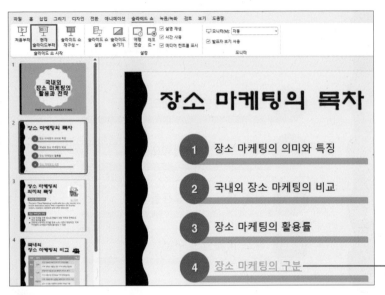

04 하이퍼링크를 확인하기 위하여 [슬라이드 쇼] 탭의 [슬라이드 쇼 시작] 그룹에서 현재 슬라이드부터( ) 단추를 클릭합니다.

하이퍼링크가 설정된 텍스트에는 변경된 글꼴 색과 밑줄이 표시되어 나타납니다.

05 슬라이드 쇼가 실행되면 하이퍼링크가 설정된 텍스트 부분을 마우스로 클릭합니다.

Plus Tip

슬라이드 쇼 : 현재 '슬라이드 2'가 선택되어 있으므로 현재 슬라이드부터 슬라이드 쇼를 실행하면 '슬라이드 2'가 전체 화면으로 나타납니다.

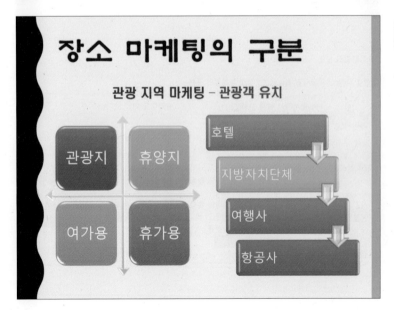

06 그 결과 하이퍼링크가 설정된 '슬라이드 6'으로 이동되는 것을 확인할 수 있습니다.

따라하기 03 실행 단추 설정하기

01 '슬라이드 3'으로 이동한 후, [삽입] 탭의 [일러스트레이션] 그룹에서 도형(📐) 단추를 클릭하고, 실행 단추의 '실행 단추: 홈으로 이동'을 선택합니다.

PlusTip

실행 단추

◁ ▷ ◁| |▷ ⌂

■ 뒤로 또는 앞으로 이동/앞으로 또는 다음으로 이동 : 이전/다음 슬라이드로 이동합니다.
■ 처음으로 이동/끝으로 이동 : 처음/마지막 슬라이드로 이동합니다.
■ 홈으로 이동 : 첫 번째 슬라이드로 이동합니다.

02 마우스 포인터가 '+' 모양으로 변경되면 슬라이드에 적당한 크기로 드래그하여 삽입합니다.

03 [실행 설정] 대화 상자가 나타나면 [마우스를 클릭할 때] 탭에서 '하이퍼링크'와 '첫째 슬라이드'를 선택하고, [확인] 단추를 클릭합니다.

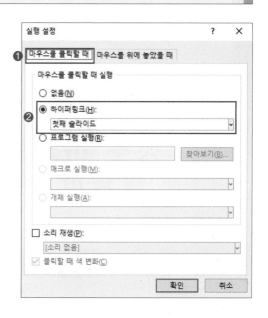

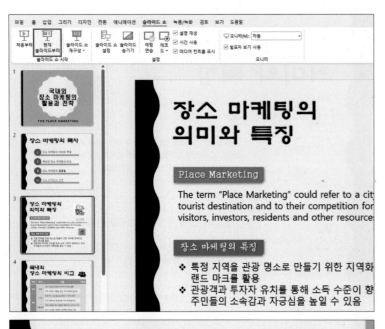

04 실행 단추를 확인하기 위하여 [슬라이드 쇼] 탭의 [슬라이드 쇼 시작] 그룹에서 현재 슬라이드부터(🖵 현재 슬라이드부터) 단추를 클릭합니다.

05 슬라이드 쇼가 실행되면 삽입한 실행 단추를 마우스로 클릭합니다.

마우스로 클릭하면 첫째 슬라이드로 이동됩니다.

06 그 결과 실행 단추에서 설정한 첫째 슬라이드(슬라이드 1)로 이동되는 것을 확인할 수 있습니다.

따라하기 04 슬라이드 쇼와 예행 연습하기

01 '슬라이드 1'로 이동한 후, [슬라이드 쇼] 탭의 [슬라이드 쇼 시작] 그룹에서 처음부터(처음부터) 단추를 클릭합니다

PlusTip

> **슬라이드 쇼 바로 실행하기 :**
> 상태 표시줄의 보기 단추 중 슬라이드 쇼(모) 단추를 클릭하거나 F5 키를 누르면 슬라이드 쇼를 바로 실행할 수 있습니다.

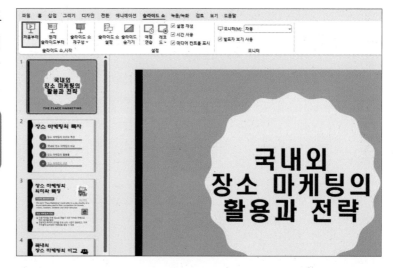

02 다음과 같이 '슬라이드 1'부터 슬라이드 쇼가 실행되면 마우스로 화면을 클릭하거나 Enter 키를 누릅니다.

03 Enter 키를 눌러 다음 슬라이드로 이동하면서 각각의 슬라이드 내용을 확인합니다.

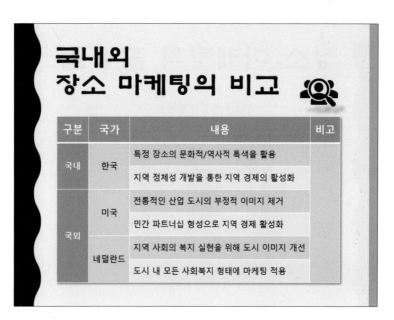

POWERPOINT 2021 **187**

04 마지막 슬라이드까지 간 다음, Enter 키를 누르면 슬라이드 쇼가 종료됩니다.

Plus**T**ip

키보드 사용 :
- 다음 슬라이드로 이동 : 마우스 클릭, Enter , Space Bar , Page Down
- 이전 슬라이드로 이동 : Back Space , Page Up
- 슬라이드 쇼 종료 : Esc , Ctrl + Break

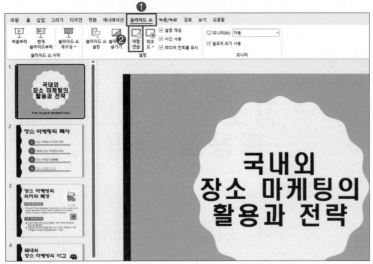

05 이번에는 예행 연습을 하기 위하여 [슬라이드 쇼] 탭의 [설정] 그룹에서 예행 연습( ) 단추를 클릭합니다.

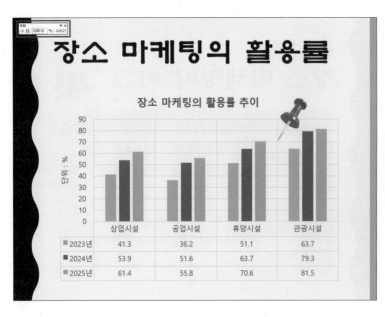

06 슬라이드 쇼가 실행되면 각 슬라이드마다 화면 왼쪽 상단에 슬라이드의 녹화 시간이 표시됩니다.

Plus**T**ip

예행 연습 :
프레젠테이션의 예행 연습을 진행하면 각 슬라이드에서 소요된 시간이 기록되며, 원하는 타이밍을 맞춘 다음에 자동으로 해당 쇼를 실행할 수 있습니다.

07 모든 슬라이드 쇼의 예행 연습이 종료 되면 슬라이드 쇼에 걸린 시간이 나타 나고, 새 슬라이드 시간의 저장 유무를 묻는 대 화 상자에서 [예] 단추를 클릭합니다.

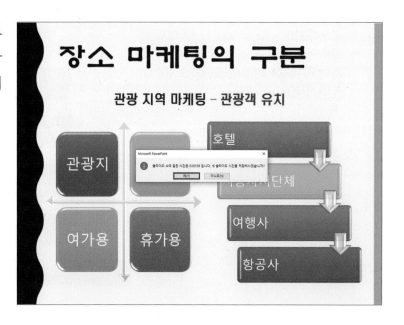

08 상태 표시줄의 보기 단추 중 여러 슬라 이드(品) 단추를 클릭하면 여러 슬라 이드 보기 화면이 나타나면서 각 슬라이드마다 녹화 시간이 표시됩니다.

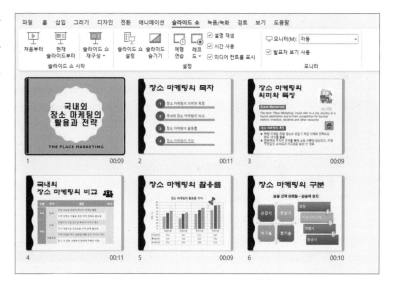

Power Upgrade

[설정] 그룹

- **슬라이드 쇼 설정** : 슬라이드 쇼에 대한 고급 옵션(키오스크 모드)을 설정합니다.
- **슬라이드 숨기기** : 프레젠테이션에서 현재 선택한 슬라이드를 숨깁니다.
- **예행 연습** : 프레젠테이션의 예행 연습을 할 수 있는 전체 화면 슬라이드 쇼를 시작합니다.
- **레코드** : 녹화를 시작할 위치를 선택하거나 녹화된 타이밍 및 설명을 지울 수 있습니다.
- **설명 재생** : 슬라이드 쇼 동안 오디오 설명 및 레이저 포인터 동작을 재생합니다.
- **시간 사용** : 슬라이드 쇼 동안 슬라이드 및 애니메이션 시간을 재생합니다.
- **미디어 컨트롤 표시** : 슬라이드 쇼 동안 포인터를 오디오 및 비디오 클립 위로 이동할 때 재생 컨트롤을 표시합 니다.

1

'C:₩파포2021-소스₩Section 19' 폴더에서 '해외직구.pptx' 파일을 불러온 후, '슬라이드 2'의 두 번째 목차에 하이퍼링크(슬라이드 4)를 설정해 보세요.

힌트

[하이퍼링크 삽입] 대화 상자에서 연결 대상은 '현재 문서', 이 문서에서 위치 선택은 '슬라이드 4'를 선택합니다.

2

'슬라이드 3'에서 이전 슬라이드로 이동하는 실행 단추를 삽입해 보세요.

힌트

[도형] 단추에서 실행 단추의 '뒤로 또는 앞으로 이동'을 삽입한 후, [실행 설정] 대화 상자의 [마우스를 클릭할 때] 탭에서 '하이퍼링크'와 '이전 슬라이드'를 선택합니다.

3

슬라이드 쇼에서 하이퍼링크와 실행 단추를 확인해 보세요.

힌트

슬라이드 2와 3을 각각 선택한 후, [슬라이드 쇼] 탭의 [슬라이드 쇼 시작] 그룹에서 [현재 슬라이드부터] 단추를 클릭합니다.

구분	특징	장단점	비고
직배송	• 해외 사이트에서 국내 카드로 직접 결제 • 한국 주소나 특정 주소로 직배송	가장 간편한 해외 쇼핑	
구매 대행	• 구매 대행 사이트에서 원하는 상품을 선택 • 모든 과정을 대행	반품과 환불까지 대행하여 편리하지만 수수료 발생	
배송 대행	• 한국까지 배송하지 않을 경우 현지 대행지에서 물건을 받아 재배송	배송 신청 방법이 번거롭지만 가격이 저렴	

1) 'C:₩파포2021-소스₩Section 19' 폴더에서 '해외직구.pptx' 파일을 불러온 후, '슬라이드 5'에서 첫째 슬라이드로 이동하는 실행 단추를 삽입해 보세요.

힌트

[도형] 단추에서 실행 단추의 '홈으로 이동'을 삽입한 후, [실행 설정] 대화 상자의 [마우스를 클릭할 때] 탭에서 '하이퍼링크'와 '첫째 슬라이드'를 선택합니다.

2) 슬라이드 쇼를 실행한 후, 첫째 슬라이드로 이동하는 실행 단추를 확인해 보세요.

힌트

슬라이드 5를 선택한 후, [슬라이드 쇼] 탭의 [슬라이드 쇼 시작] 그룹에서 [현재 슬라이드부터] 단추를 클릭합니다.

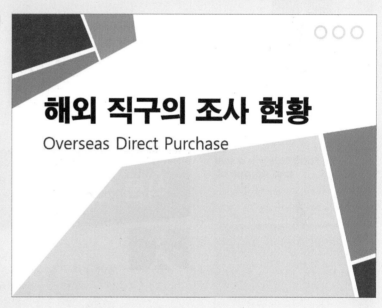

3) 전체 슬라이드 쇼에서 예행 연습의 녹화 시간을 각각 20초 이내로 설정해 보세요.

힌트

[슬라이드 쇼] 탭의 [설정] 그룹에서 [예행 연습] 단추를 클릭한 후, 슬라이드 쇼가 진행되면 각 슬라이드마다 녹화 시간을 20초 이내로 설정합니다.

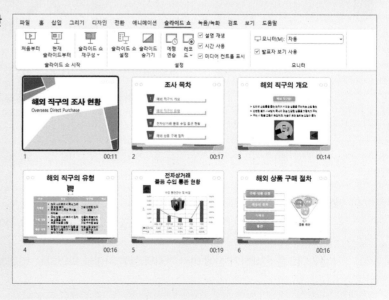

20 슬라이드 마스터와 인쇄하기

슬라이드 마스터를 이용하면 여러 슬라이드에 동일한 서식과 배경 등을 일괄적으로 적용할 수 있습니다. 여기에서는 슬라이드 마스터의 적용 방법과 함께 슬라이드를 인쇄하는 방법에 대하여 학습해 봅니다.

Preview

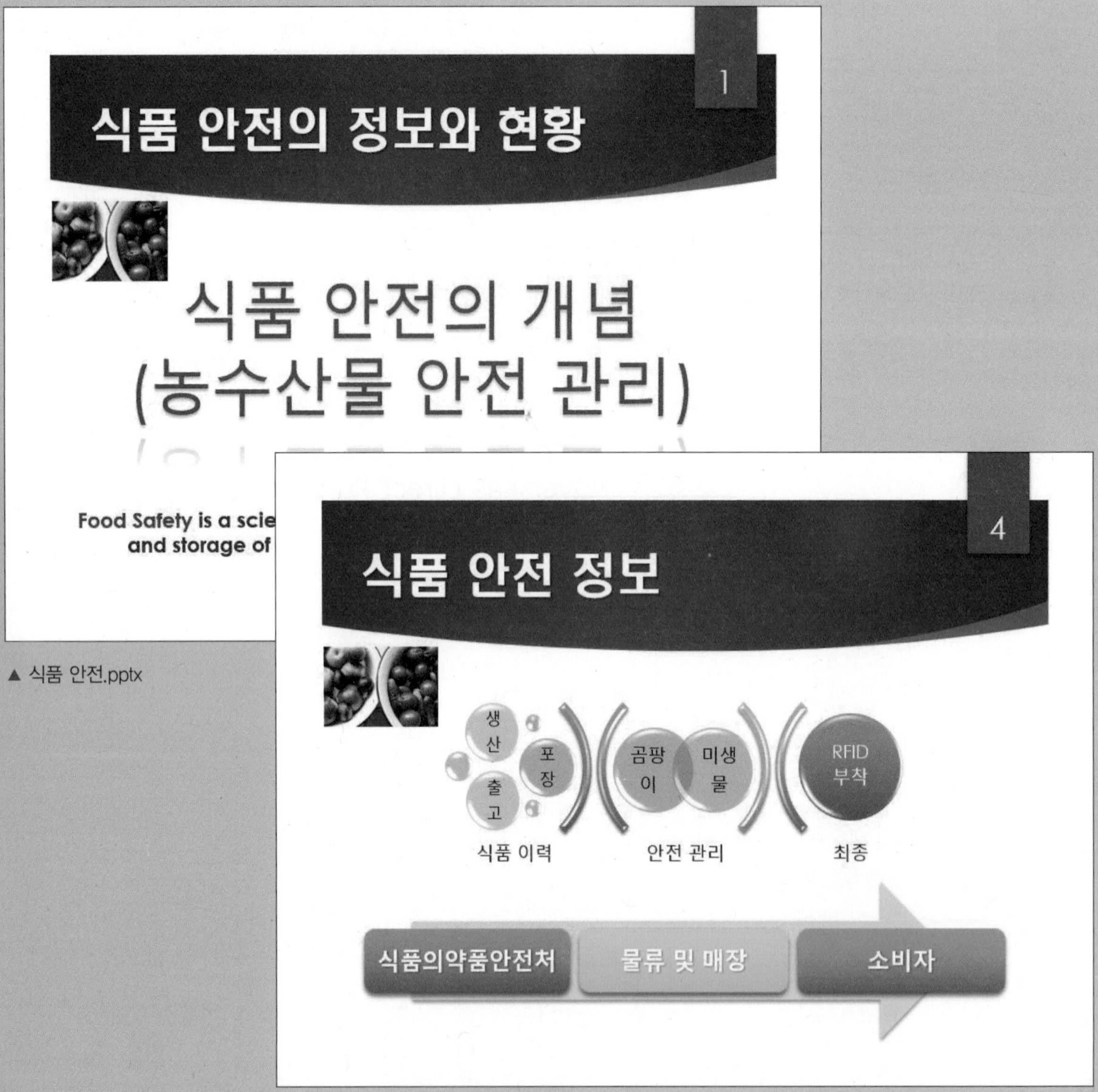

▲ 식품 안전.pptx

핵심 내용

– 슬라이드 마스터에서 모든 슬라이드에 동일한 온라인 그림과 슬라이드 번호를 삽입하는 방법에 대해 알아봅니다.
– 슬라이드를 인쇄하기 전에 여러 가지의 설정 사항을 확인하고, 인쇄하는 방법에 대해 알아봅니다.

01 슬라이드 레이아웃을 '제목만'으로 변경한 후, '이온(회의실)' 테마를 적용하고 [디자인] 탭의 [사용자 지정] 그룹에서 슬라이드 크기를 최대화 합니다.

02 [삽입] 탭의 [텍스트] 그룹에서 Word Art(WordArt) 단추와 텍스트 상자(텍스트 상자) 단추를 이용하여 슬라이드에 주어진 내용을 각각 입력합니다.

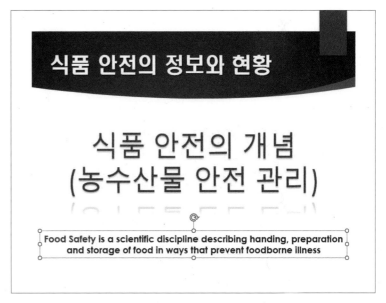

03 새로운 슬라이드를 추가하기 위하여 [홈] 탭의 [슬라이드] 그룹에서 새 슬라이드(새 슬라이드) 단추를 클릭하고, '제목만'을 선택합니다.

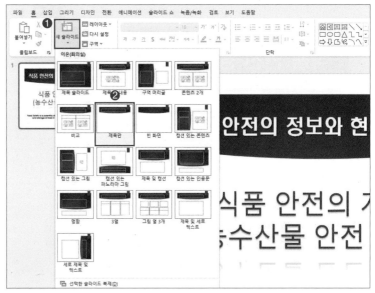

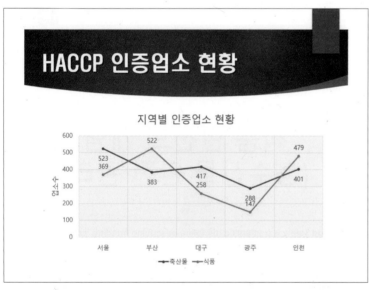

04 [삽입] 탭의 [일러스트레이션] 그룹에서 도형(🔲 도형) 단추와 [텍스트] 그룹의 텍스트 상자(텍스트 상자) 단추를 이용하여 슬라이드에 주어진 내용을 각각 입력합니다.

줄 간격은 2.0으로 지정합니다.

05 새 슬라이드로 '제목만'을 선택한 후, [삽입] 탭의 [일러스트레이션] 그룹에서 차트(📊 차트) 단추를 이용하여 '표식이 있는 꺾은선형'을 작성합니다.

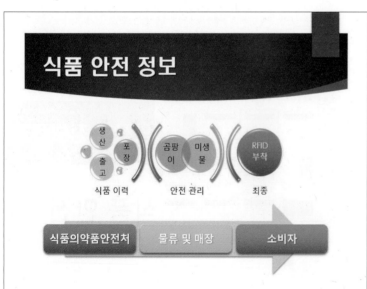

06 새 슬라이드로 '제목만'을 선택한 후, [삽입] 탭의 [일러스트레이션] 그룹에서 SmartArt(SmartArt) 단추를 이용하여 '단계 프로세스형'과 '연속 블록 프로세스형'을 각각 작성합니다.

01 '슬라이드 1'을 선택한 후, [보기] 탭의 [마스터 보기] 그룹에서 슬라이드 마스터( ) 단추를 클릭합니다.

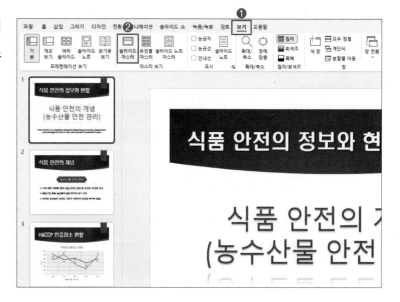

02 슬라이드 마스터 화면이 나타나면 하단에 있는 '바닥글'과 '날짜' 상자를 동시에 선택하고, Delete 키를 눌러 삭제합니다.

PlusTip

바닥글과 날짜 상자 선택 :
바닥글과 날짜 상자를 동시에 선택하려면 Ctrl 키를 누른 상태에서 각각 클릭합니다.

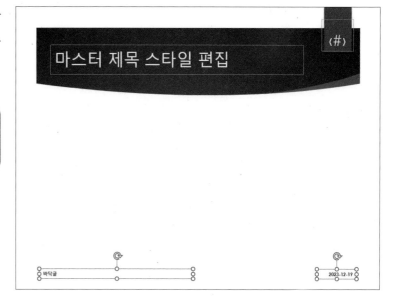

03 슬라이드 마스터에 온라인 그림을 삽입하기 위하여 [삽입] 탭의 [이미지] 그룹에서 그림( ) 단추를 클릭하고, [온라인 그림]을 선택합니다.

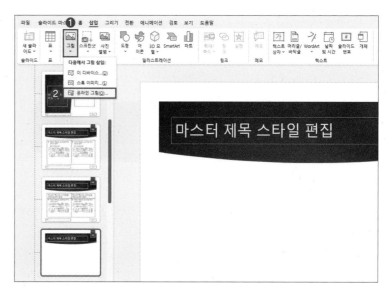

04 [온라인 그림] 대화 상자의 Bing 검색란에 "식품"을 입력하여 검색한 후, 원하는 그림을 선택하고 [삽입] 단추를 클릭합니다.

05 슬라이드에 온라인 그림이 삽입되면 크기 조절 핸들을 이용하여 크기를 적당히 조절한 후, 그림을 해당 위치로 드래그하여 이동합니다.

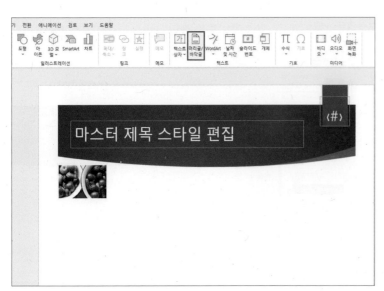

06 슬라이드 번호를 삽입하기 위하여 [삽입] 탭의 [텍스트] 그룹에서 머리글/바닥글(	) 단추를 클릭합니다.

07 [머리글/바닥글] 대화 상자의 [슬라이드] 탭에서 '슬라이드 번호'만을 선택하고, [모두 적용] 단추를 클릭합니다.

첫 번째 슬라이드(슬라이드 1)를 제외하고, 나머지 슬라이드에만 슬라이드 번호를 삽입합니다.

08 [슬라이드 마스터] 탭의 [닫기] 그룹에서 마스터 보기 닫기(☒ 마스터 보기 닫기) 단추를 클릭합니다.

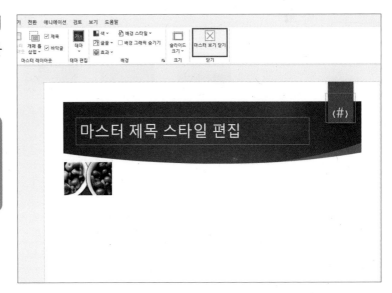

Plus Tip

[마스터 레이아웃] 그룹
- 마스터 레이아웃 : 슬라이드 마스터에 포함할 요소를 선택합니다.
- 개체 틀 삽입 : 모든 종류의 내용을 포함할 수 있는 레이아웃에 개체 틀을 삽입합니다.
- 제목/바닥글 : 제목/바닥글 개체 틀을 표시하거나 숨깁니다.

09 그 결과 모든 슬라이드에 동일한 슬라이드 마스터(온라인 그림, 슬라이드 번호)가 적용된 것을 확인할 수 있습니다.

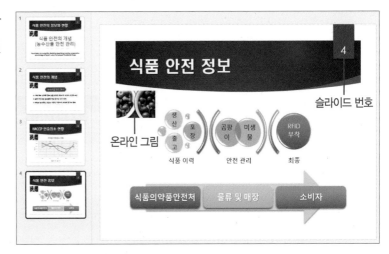

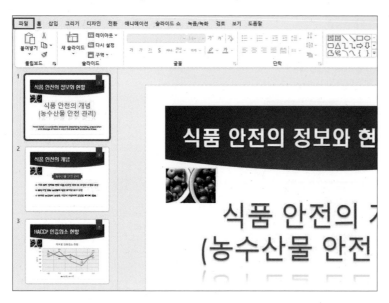

01 '슬라이드 1'로 이동한 후, 인쇄를 설정하기 위하여 [파일] 탭을 클릭합니다.

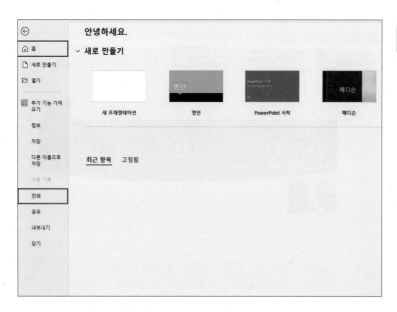

02 [파일] 탭에 해당하는 메뉴가 나타나면 [인쇄]를 선택합니다.

03 인쇄 창이 나타나면 프린터의 '프린터 속성'을 클릭합니다.

04 [프린터 속성] 대화 상자의 [기본] 탭에서 용지 종류, 인쇄 품질 등을 확인하고, [확인] 단추를 클릭합니다.

05 인쇄 창에서 미리 보기를 확인한 후, 모든 슬라이드 인쇄(인쇄 범위)와 복사본(인쇄 매수)을 지정하고 인쇄( ) 단추를 클릭합니다.

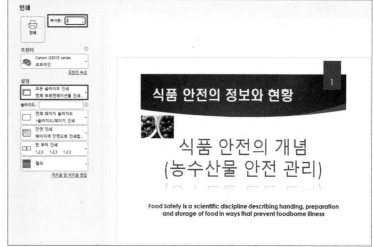

Power Upgrade

유인물

• 유인물은 프레젠테이션을 진행하는 동안 청중들이 보거나 참조할 수 있도록 미리 배포하는 인쇄물입니다.

• 인쇄 창에서 전체 페이지 슬라이드(전체 페이지 슬라이드 1슬라이드/페이지 인쇄) 단추를 클릭하고, [유인물]-[2슬라이드]를 선택하면 두 개의 슬라이드를 동시에 확인할 수 있습니다.

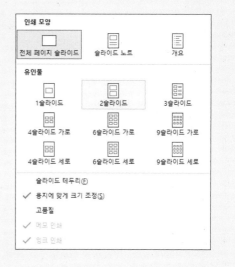

1

'C:₩파포2021-소스₩Section 20' 폴더에서 '에너지.pptx' 파일을 불러온 후, 슬라이드 마스터를 이용하여 원하는 온라인 그림을 삽입해 보세요.

힌트

[보기] 탭의 [마스터 보기] 그룹에서 [슬라이드 마스터] 단추를 클릭한 후, '바닥글'과 '날짜'를 삭제하고 원하는 온라인 그림을 삽입합니다.

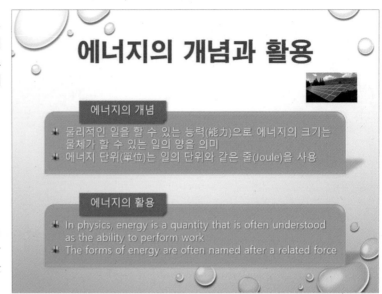

2

슬라이드 마스터에서 삽입한 온라인 그림에 그림 스타일을 적용해 보세요.

힌트

슬라이드 마스터 화면에서 온라인 그림을 선택한 후, [그림 서식] 탭의 [그림 스타일] 그룹에서 '반사형 모서리가 둥근 직사각형'을 선택합니다.

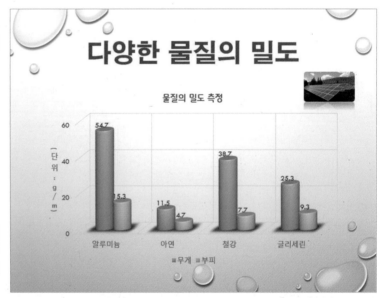

3

슬라이드 마스터를 이용하여 모든 슬라이드에 슬라이드 번호를 삽입해 보세요.

힌트

슬라이드 마스터 화면에서 [삽입] 탭의 [텍스트] 그룹에 있는 [머리글/바닥글] 단추를 클릭하고, '슬라이드 번호'만을 선택합니다.

1) 'C:\파포2021-소스\Section 20' 폴더에서 '수영.pptx' 파일을 불러온 후, 슬라이드 마스터를 이용하여 원하는 온라인 그림을 삽입하고 편집해 보세요.

힌트
[보기] 탭의 [마스터 보기] 그룹에서 [슬라이드 마스터] 단추를 클릭한 후, 원하는 온라인 그림을 삽입하고 '근접 반사: 터치'의 효과를 적용합니다.

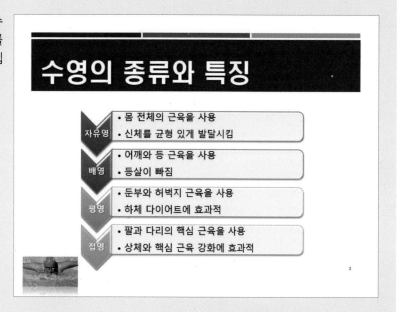

2) 슬라이드 마스터를 이용하여 모든 슬라이드에 있는 슬라이드 번호를 삭제해 보세요.

힌트
슬라이드 마스터 화면에서 [머리글/바닥글] 대화 상자를 호출한 후, 슬라이드 번호의 선택(체크)을 해제합니다.

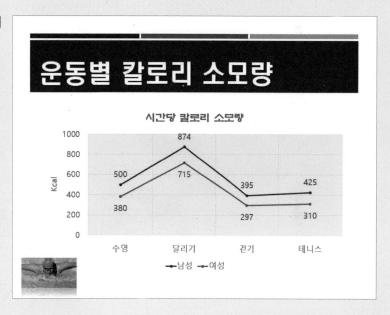

3) 마지막 슬라이드(슬라이드 4)만 3장 인쇄해 보세요.

힌트
슬라이드 4로 이동한 후, 인쇄 창에서 '현재 슬라이드 인쇄'를 선택하고, 복사본을 '3'으로 설정합니다.

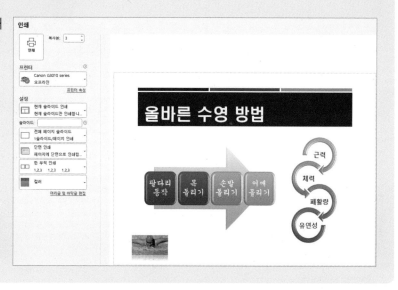

실전 종합문제

1 '제목 슬라이드' 레이아웃에 '비누' 테마를 적용한 후, 주어진 제목 내용을 입력해 보세요.

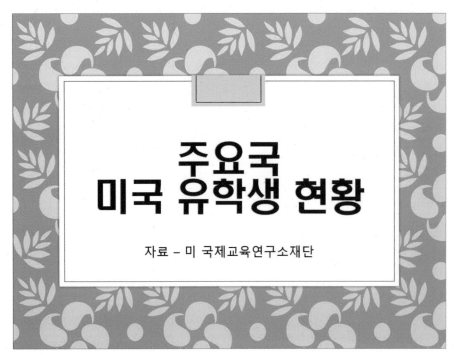

◀ 유학생.pptx

힌트
[디자인] 탭의 [사용자 지정] 그룹에서 슬라이드 크기를 [표준(4:3)]으로 선택하고, 최대화 합니다.

2 '제목 및 내용' 레이아웃에 '갤러리' 테마를 적용한 후, 임의의 글꼴 서식으로 주어진 내용을 입력해 보세요.

고양시 북스타트 이용 안내

- [책과 함께 인생(人生)을 시작하자]라는 취지로 어린이에게 책 꾸러미를 나눠주는 북스타트 사업을 시행하고 있으니 많은 참여(參與)를 바랍니다.
- 일시 : 매월 둘째, 넷째 목요일
- 시간 : 10:00~12:00(시간은 변동될 수 있음)
- 장소 : 시립 공공도서관
- 대상 : 고양시 거주 모든 어린이
- 담당 : 문화관광과(☎ 031-999-1234)

◀ 고양시.pptx

힌트
- [한글/한자 변환] 대화 상자에서 해당 한자와 입력 형태를 선택합니다.
- [기호] 대화 상자에서 해당 특수 문자를 찾아 삽입합니다.

3 '제목 및 내용' 레이아웃에 '회로' 테마를 적용하여 내용을 입력한 후, 목록 수준과 글머리 기호를 삽입해 보세요.

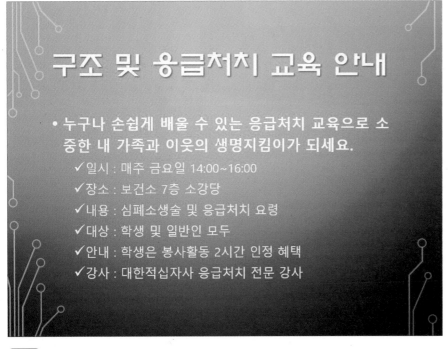

◀ 응급처치.pptx

힌트
- [홈] 탭의 [단락] 그룹에서 [목록 수준 늘림] 단추를 클릭합니다.
- [홈] 탭의 [단락] 그룹에서 [글머리 기호] 단추를 클릭하고, 해당 기호를 선택합니다.

4 '제목만' 레이아웃에 '패싯' 테마를 적용한 후, 가로/세로 텍스트 상자를 이용하여 각 내용을 입력하고 세로 텍스트 상자의 내용을 회전시켜 보세요.

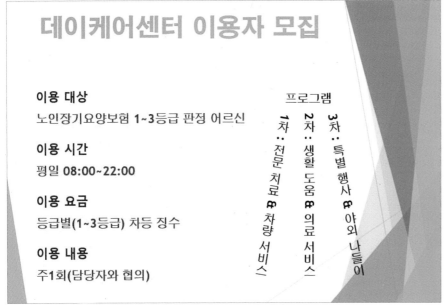

◀ 케어센터.pptx

힌트
- 1, 3, 5, 7번째 줄을 블록 지정한 후, [홈] 탭의 [단락] 그룹에서 [줄 간격]-[2.5]를 선택합니다.
- 세로 텍스트 상자의 회전 핸들을 이용하여 왼쪽과 오른쪽으로 적당히 드래그합니다.

5 '제목만' 레이아웃에 '이온(회의실)' 테마를 적용한 후, 주어진 도형을 삽입하고 도형 서식을 지정해 보세요.

◀ 마이데이터.pptx

힌트
- [도형] 단추에서 '화살표: 갈매기형 수장'과 'L 도형'을 각각 삽입하고, 'L 도형'은 좌우 대칭합니다.
- 임의의 도형 채우기를 지정하고, 내용은 가로 텍스트 상자를 이용하여 입력합니다.

6 '빈 화면' 레이아웃에 '교육' 테마를 적용한 후, 다음과 같은 도형을 삽입하고 임의의 도형 스타일을 지정해 보세요.

◀ 문화센터.pptx

힌트
- [도형] 단추에서 '사각형: 잘린 한쪽 모서리, 둥근 위쪽 모서리', '직사각형'을 각각 삽입하고 모양 조절 핸들로 모양을 변형한 후, 임의의 도형 스타일을 지정합니다.
- 둥근 위쪽 모서리와 직사각형을 그룹화한 후, 도형 복사는 Ctrl + Shift 키를 이용합니다.

7 '빈 화면' 레이아웃에 주어진 내용을 입력한 후, 직각 삼각형을 삽입하여 모양을 변형해 보세요.

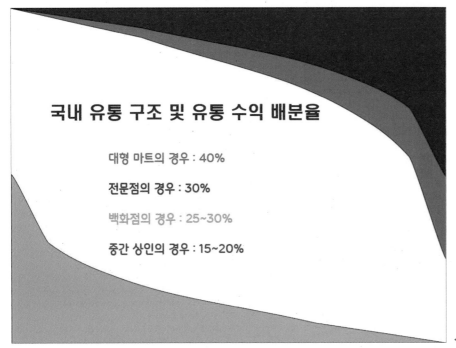

▶ 유통구조.pptx

힌트

- 가로 텍스트 상자를 이용하여 주어진 내용을 입력하고, 임의의 글꼴 서식을 지정합니다.
- 점 편집 기능을 이용하여 도형을 변형한 후, 직각 삼각형을 위쪽으로 복사하고 상하/좌우 대칭합니다.
- 아래쪽으로 복사한 직각 삼각형은 [도형 서식] 탭의 [정렬] 그룹에서 [뒤로 보내기]─[맨 뒤로 보내기]를 선택합니다.

8 '빈 화면' 레이아웃에 '그물' 테마를 적용한 후, 도형 슬라이드를 작성하고 임의의 WordArt를 삽입해 보세요.

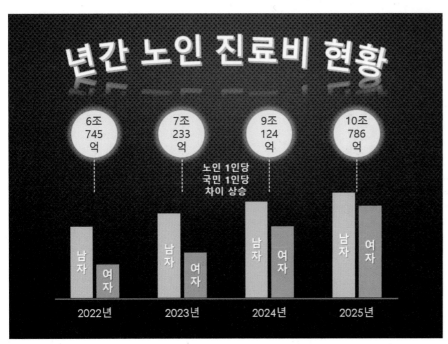

▶ 진료비.pptx

힌트

- WordArt의 텍스트 효과는 [반사]─[반사 변형]─[근접 반사: 터치]와 [변환]─[모양]─[원호]를 선택합니다.
- [도형] 단추에서 '선', '직사각형', '타원'을 각각 삽입하고, 세밀한 사이 간격은 방향키로 조정합니다.
- 도형 윤곽선은 [대시]─[사각 점선]과 도형 효과는 [네온]─[네온: 11pt, 황갈색, 강조색 3]을 선택합니다.

1 '빈 화면' 레이아웃에서 도형, WordArt, 온라인 그림을 이용하여 슬라이드를 작성해 보세요.

◀ 전기자동차.pptx

힌트
- 직사각형의 도형 채우기에서 [그림]-[온라인 그림]을 선택하고, "전기자동차"를 검색하여 삽입합니다.
- 도형 효과에서 [부드러운 가장자리]-[부드러운 가장자리 변형]-[10 포인트]를 선택합니다.
- WordArt의 텍스트 효과는 [반사]-[반사 변형]-[근접 반사: 4pt 오프셋]과 [변환]-[휘기]-[물결: 위로]를 선택합니다.

2 제목 슬라이드에 '배지' 테마를 적용한 후, 주어진 내용을 입력하고 관련 아이콘을 삽입해 보세요.

◀ 학교상담.pptx

힌트
- [삽입]-[일러스트레이션]-[아이콘]을 선택한 후, [스톡 이미지] 대화 상자에서 "학교"를 검색하여 삽입합니다.
- 그래픽 효과는 [네온], [그림자], [반사] 효과를 각각 지정합니다.

3 '제목만' 레이아웃에 '발전' 테마를 적용한 후, 해당 SmartArt을 삽입하고 편집해 보세요.

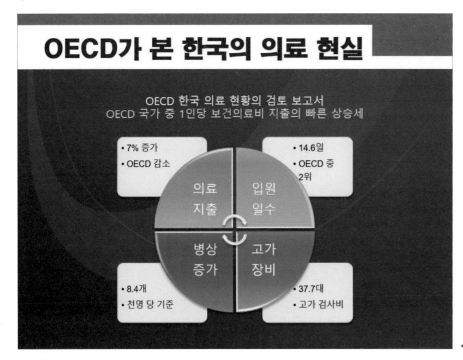

◀ 의료현실.pptx

힌트

- [SmartArt 그래픽 선택] 대화 상자에서 '행렬형'에 있는 '주기 행렬형'을 삽입합니다.
- [SmartArt 스타일] 그룹에서 색 변경은 '색상형 – 강조색', 스타일은 '3차원 – 광택 처리'를 선택합니다.

4 '빈 화면' 레이아웃에 '우주' 테마를 적용한 후, 해당 WordArt와 계층 구조형을 삽입하고 편집해 보세요.

◀ 조직현황.pptx

힌트

- WordArt의 텍스트 효과는 [반사]–[반사 변형]–[1/2 반사: 터치]와 [변환]–[휘기]–[갈매기형 수장: 위로]를 선택합니다.
- [SmartArt 그래픽 선택] 대화 상자에서 '계층 구조형'에 있는 '가로 조직도형'을 삽입합니다.
- [SmartArt 스타일] 그룹에서 색 변경은 '색상형 범위 – 강조색 4 또는 5', 스타일은 '3차원 – 경사'를 선택합니다.

⑤ '제목 및 내용' 레이아웃에 '메모' 테마를 적용한 후, 주어진 표를 작성하고 편집해 보세요.

서울 건강센터 강좌 안내

강좌명		요일	시간	대상	인원	수강료	장소
수영		수/금	06:00~22:00	성인 청소년	20명	40,000원 (2개월)	지하 수영장
요가		화/목	09:00~18:00	성인 주부	10명	50,000원 (3개월)	요가실
에어로빅		매일	10:00~16:00		30명		체육관
건강헬스	새벽	월/목	06:00~08:00	직장인	20명	20,000원	헬스장 (2층)
	오전	매일	07:00~12:00 (수시 입장)	성인 남녀	35명	70,000원 (3개월)	
	오후		14:00~22:00 (수시 입장)		45명		
	일일 사용	평일	07:00~21:00	성인 대학생	40명	성인(7,000원) 대학생(5,000원)	

◀ 건강센터.pptx

힌트
- [표 스타일 옵션] 그룹에서 '첫째 열'을 선택한 후, [표 스타일] 그룹에서 중간의 '보통 스타일 2 – 강조 2'를 선택합니다.
- [표 스타일] 그룹에서 [음영] 단추를 클릭하고 '주황'을, [효과] 단추를 클릭하고 [그림자]–[바깥쪽]–[오프셋: 왼쪽 아래]를 선택합니다.

⑥ '제목 및 내용' 레이아웃에 '심플' 테마를 적용한 후, 주어진 차트를 작성하고 편집해 보세요.

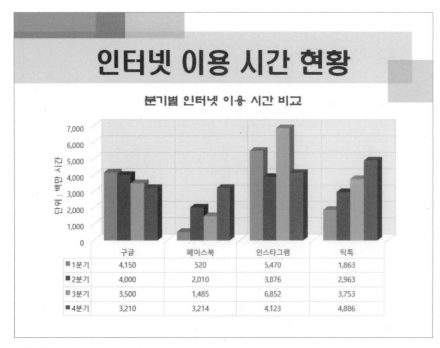

◀ 인터넷이용.pptx

힌트
- [차트 삽입] 대화 상자의 [모든 차트] 탭에서 세로 막대형의 '3차원 묶은 세로 막대형'을 선택합니다.
- [차트 레이아웃] 그룹에서 [차트 요소 추가] 단추를 클릭하고 [축 제목], [데이터 테이블], [눈금선], [범례]를 선택하여 조정합니다.
- 차트 뒷면만을 선택하고, [도형 채우기]–[황록색, 강조 3, 80% 더 밝게]를 선택합니다.

7 '콘텐츠 2개' 레이아웃에 '천체' 테마를 적용한 후, 주어진 SmartArt와 차트를 작성하고 해당 3D 모델을 삽입해 보세요.

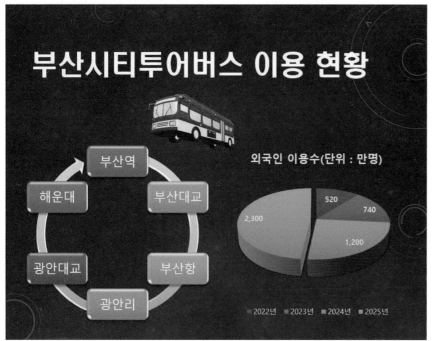

◀ 부산시티.pptx

힌트 • [SmartArt 그래픽 선택] 대화 상자에서 '주기형'에 있는 '연속 주기형'을 삽입합니다.
　　 • 3차원 원형은 [차트 스타일] 그룹에서 [빠른 스타일] 단추를 클릭하고, '스타일 5'를 선택합니다.
　　 • [3D 모델]-[스톡 3D 모델]을 선택한 후, Vehicles 카테고리에서 해당 모델을 삽입하고 각도 조절 핸들을 이용하여 각도와 방향을 조절합니다.

8 '콘텐츠 2개' 레이아웃에 '아틀라스' 테마를 적용한 후, 주어진 SmartArt와 차트를 작성하고 해당 스톡 비디오를 삽입하여 재생해 보세요.

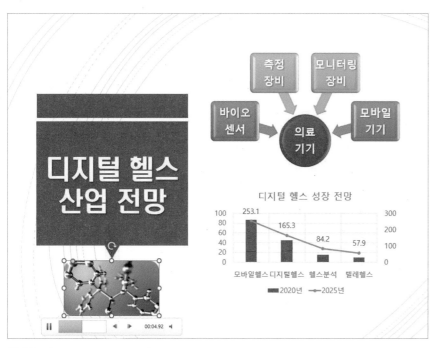

◀ 디지털헬스.pptx

힌트 • [SmartArt 그래픽 선택] 대화 상자에서 '관계형'에 있는 '수렴 방사형'을 삽입합니다.
　　 • [차트 종류 변경] 대화 상자의 [모든 차트] 탭에서 '혼합'을 선택하고, '2025년' 계열을 표식이 있는 꺾은선형과 보조 축으로 지정합니다.
　　 • [비디오]-[스톡 비디오]를 선택하고, [스톡 이미지] 대화 상자에서 주어진 비디오를 삽입합니다.

POWERPOINT 2021

원리 쏙쏙 IT 실전 워크북 ㉞
Powerpoint 2021 기초부터 실무 활용까지

2024년 01월 20일 초판 인쇄
2024년 01월 30일 초판 발행

펴낸이 | 김정철
펴낸곳 | 아티오
지은이 | Vision IT
마케팅 | 강원경
편 집 | 이효정
전 화 | 031-983-4092~3
팩 스 | 031-696-5780
등 록 | 2013년 2월 22일
정 가 | 14,000원
주 소 | 경기도 고양시 일산동구 호수로 336 (브라운스톤, 백석동)
홈페이지 | http://www.atio.co.kr

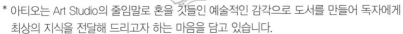

◑ 실습 파일 받아보기

– 예제 소스는 아티오(www.atio.co.kr) 홈페이지의 [IT/기술 도서] – [자료실]에서 다운받으시면 됩니다.